U0901126

国家交通重大工程档案西藏公路卷

国道559线

波密至墨脱公路整治改建

工 程 档 案

《国家交通重大工程档案》编辑部　编著

图书在版编目（CIP）数据

国道 559 线波密至墨脱公路整治改建工程档案 /《国家交通重大工程档案》编辑部编 . —北京：方志出版社，2021.12

（国家交通重大工程档案 . 西藏公路卷）

ISBN 978-7-5144-5048-4

Ⅰ . ①国… Ⅱ . ①国… Ⅲ . ①高速公路—道路工程—工程档案—西藏 Ⅳ . ① U415 ② G275.3

中国版本图书馆 CIP 数据核字（2022）第 039167 号

· 国家交通重大工程档案西藏公路卷 ·

国道559线波密至墨脱公路
整治改建工程档案

编　　者：《国家交通重大工程档案》编辑部
责任编辑： 李　静

出 版 者： 方志出版社
地址　北京市朝阳区潘家园东里9号（国家方志馆4层）
邮编　100021
网址　http://www.zgfzcb.cn
发　　行： 方志出版社图书经销中心
电话（010）67110500
经　　销： 各地新华书店
印　　刷： 北京地大彩印有限公司

开　　本： 787 × 1092　1/16
印　　张： 14
字　　数： 249千
版　　次： 2021年12月第1版　　2021年12月第1次印刷
印　　数： 900册

ISBN　978-7-5144-5048-4　　**定价：** 690.00元

《国家交通重大工程档案》
编纂说明

改革开放特别是党的十八大以来，我国综合交通事业发展突飞猛进，成就举世瞩目，已成为门类齐全、设施发达、设备先进、基数庞大、网络完备的交通大国，一大批交通重大工程建设项目不仅在中国乃至在世界交通发展史上都书写了辉煌、创造了奇迹。

为全面系统记录我国综合交通重大工程建设发展历程和现状，客观展示中国交通重大工程建设取得的巨大成就，深刻诠释“交通强国”的发展理念，生动反映我国交通建设者继往开来、砥砺奋进，朝着“交通强国”宏伟蓝图，朝着中华民族伟大复兴的中国梦，踏石留印，一路前行，经国家发展和改革委员会基础产业司（现为基础设施发展司，下同）批准，由《中国交通年鉴》社启动编纂《国家交通重大工程档案》（以下简称《重大工程档案》）。

《重大工程档案》分为综合卷和系列卷，系列卷由铁路卷、公路卷、水路卷、民航卷、管道运输卷、城市交通卷、企业卷、地方交通卷等组成；采取纪实性大型资料工具书形式，以文字、图片、表格、效果图等方式，简要、系统、直观、立体地呈现我国交通重大工程建设取得的巨大成果。

《重大工程档案》记述对象从1978年改革开放开始，以国家综合交通“五年规划”为主线，筛选各建设时期具有重大社会效益、经济效益和具有代表性、标志性及科技创新性的重大交通工程项目为收录对象，重点以“十二五”规划接转项目和“十三五”规划在建、竣工的重大工程项目为主。编纂内容主要包括项目基本情况、审批依据、建设意义、投资主体、工程进度、新技术应用和项目评估等。

《重大工程档案》全套丛书彩色印刷，图文并茂，设计装帧精美，由国家级出版社公开出版发行。同时，呈送党中央、国务院、全国人大、全国政协领导和相关机构及国家有关部、委、局、署。

《重大工程档案》主要发行对象为各省区市发展改革委、交通运输部门及相关建设单位等。编纂《重大工程档案》对于建立综合、权威的国家交通重大工程数据库，为政府决策机构提供翔实的参考数据并存史资政，宣传推广我国综合交通行业取得的重大成就和科技成果，具有重要的历史价值和现实意义。

《重大工程档案》指导单位为国家发展和改革委员会基础产业司，组织单位为《中国交通年鉴》社《国家交通重大工程档案》编委会，编纂单位为《国家交通重大工程档案》编辑部。

编纂《重大工程档案》得到了国家有关部委，中央国有大型企业，各省、自治区、直辖市有关厅、局、委及交通重大工程建设指挥部、项目部和项目管理单位、建设单位、设计单位、施工单位、监理单位等有关领导、专家、学者、交通建设者的大力支持和帮助，在此一并表示感谢！

《国家交通重大工程档案》编委会

卷首语

墨脱，位于西藏自治区东南部，喜马拉雅山脉的最东端，念青唐古拉山脉的最南端，横断山脉的最西端，东邻察隅县，南临印度，西接米林县、隆子县、错那县，北连波密县、巴宜区，总面积 3.4 万平方千米。举世闻名的雅鲁藏布江大拐弯就在这里，中国最美山峰南迦巴瓦峰也在这里，世界第一大峡谷雅鲁藏布大峡谷还在这里。

墨脱似人间仙境。背靠世界屋脊，面对印度平原，北高南低，海拔落差超过 7000 米。一天即可走过四季，一眼就能望穿三级阶梯。阳光之下，雄伟的山峰犹如一把把金色的利剑，直刺苍穹。阵阵风过，群山浩荡；场场雨来，大地如洗。

墨脱的风向北吹。暖湿气流从印度洋一路北上，无休无止地向世界屋脊攀升，与从西伯利亚远道而来的冷空气相遇，在天空之上频繁交锋，风起云涌，带来了无穷无尽的雨水。

墨脱的水向南流。高处是雪山与冰川，在冰川之下，有无数的堰塞湖和若隐若现的瀑布。低处的江河呈“树”状分布，树的主干就是雅鲁藏布江，在墨脱县内接纳 30 多条大小支流，波涛汹涌，奔腾南下，涌入印度洋。

勤劳、勇敢、淳朴的墨脱各族人民，几千年来刀耕火种，繁衍生息。在不通公路的日子里，人们只能遥望墨脱这朵神秘的莲花，可望而不可即。

历史的镜头在这里聚焦。2013 年 10 月 31 日，历经 4 年的艰苦奋战，国家投资 9.5 亿元，全长 117 千米的墨脱公路正式通车，结束了墨脱作为中国最后一个不通公路县的历史。2020 年 9 月 29 日，又经过近 3 年的接续奋斗，国家投资近 12 亿元，国道 559 线波密至墨脱整治改建工程完工，全线拓宽、增设 40% 以上防护安保设施，100% 铺装水泥、沥青路面，墨脱公路已变得更宽更畅更安全。墨脱县彻底告别了“高原孤岛”的历史。

穿越时空长达半个多世纪，修建时间如此漫长的墨脱公路，总长却仅有100多千米，且为三级、四级公路。中国公路的资深专家给出了最权威的解读：在中国公路建设史上，墨脱公路突破了“地质构造之复杂、地形之陡峻、降水量之大、河道冲刷之强烈、坡体稳定性之差、地质灾害之多”这六项国内之最。

不能忘记，从交通运输部及中央国家有关部委和自治区党委、政府，从交通运输厅党委到林芝市委、市政府和墨脱县委、县政府，多少年来，时时惦记墨脱各族人民，始终倾尽全力修筑墨脱公路……锲而不舍，牢记使命！

不能忘记，从中央到地方的各级领导，从部队官兵到每个百姓，从工程技术专家到多批援藏干部，从社会各界到方方面面，多少年来，一直牵挂、思索困扰墨脱的交通难题……情深难舍，永不言弃！

不能忘记，从探秘寻线的踏勘者、测设者到老一辈的西藏交通人，从筑路知青到来自祖国内地的建设者，从养护职工到武警交通部队官兵，多少年来，经受了难以想象的筑路艰辛和多次失败重挫，经受了超出常人的磨砺，奉献了青春、汗水以至生命。

已经走上了致富路、发展路、幸福路的墨脱父老乡亲，会在心底珍藏这难以忘却的印记。

谨以本书——

向脱贫致富、奔向小康的墨脱各族人民致敬！

向舍生忘死、默默奉献的交通人致敬！

让我们共同感恩——伟大的时代！

目录

公路建设大提速　助推西藏大发展

——中央第六次西藏工作座谈会以来西藏交通运输事业发展成就

中央第六次西藏工作座谈会以来，在党中央的英明领导下，西藏自治区党委、政府和交通运输部认真贯彻落实习近平总书记关于治边稳藏的重要论述以及一系列重要指示批示精神，从全局和战略的政治高度，做出了加快推进西藏交通运输发展的一系列具体部署安排，对西藏交通运输工作给予了全方位的指导、支持和帮助，有力地推动了西藏交通运输事业全面提速、加快发展。西藏自治区交通运输厅党委、西藏自治区交通运输厅以中央第六次西藏工作座谈会为全新起点，大力传承和弘扬“老西藏精神”和“两路”精神，在抓紧抓实高速公路、“四好农村路”、国家边防公路建设的同时，全面统筹抓好抓细公路养护、运输服务、行业管理，取得了历史性成就。

中央第六次西藏工作座谈会召开后的五年，是西藏交通历史上公路投资规模最大、公路基础设施建设最快、管理服务水平显著提升、交通支撑保障作用持续增强、人民群众得实惠最为明显的时期，为西藏经济社会发展、维稳固边、民生改善、民族团结、凝聚人心，夯实了坚实基础，为西藏决战脱贫攻坚、决胜全面小康，实现中华民族第一个百年奋斗目标发挥了交通先行的重要作用。

一是固定资产投资实现大跃升。“十三五”期间，全自治区完成交通运输固定资产投资 2516 亿元，是“十二五”期间的 3.7 倍。公路交通在全自治区固定资产投资中占比 30% 以上。公路交通促进经济社会发展的先行引领与投资拉动作用凸显。“十三五”期间，西藏自治区公路通车里程达到 11.88 万千米，创造了年均增长 8100 千米的高原奇迹。

二是助力脱贫攻坚实现大增效。深入贯彻落实习近平总书记关于“四好农村路”建设的重要指示精神，西藏自治区交通运输厅党委、西藏自治区交通运输厅以“思路围着脱贫转、项目向着农村调、资金朝着攻坚增、目标盯着精准干、公路为着小康建”的思路，大力发展农村公路和农村客运。五年来，西藏累计实施农村公路项目 3123 个，新改建农村公路 3.82 万千米，解决了 286 个乡镇、2905 个建制村、391 个易地扶贫搬迁集中安置点（区）道路连接线通畅问题。全国最后1个未通沥青路的县城墨脱县通了沥青路，全自治区最后1个未通公路乡镇甘登乡通公路；乡镇、建制村通达率达100%和99.96%，通畅率达93.7%和75.9%。提前实现具备条件乡镇和建制村全部通客车目标。累计吸纳农牧民转移就业58.69万人次，吸纳高校毕业生就业742人，真正做到了“修一条路、富一方民”。中央第六次西藏工作座谈会召开后的五年，是西藏历史上农村公路投资最大、建得最快、修得最好、老百姓得实惠最多的五年，广大农牧区群众在交通大发展中真切感受到了持续提升的获得感、幸福感、安全感。

三是高速公路建设实现大提速。2011年，拉萨至贡嘎机场高速公路通车，结束了西藏没有高速公路的历史。中央第六次西藏工作座谈会的胜利召开，引领着西藏高等级公路建设进入了高速发展时代。西藏先后建成林芝至拉萨、日喀则机场至日喀则市、贡嘎机场至泽当、八一镇至米林机场4条高等级公路，昌都至加卡高速公路于2020年10月30日建成通车，拉萨至日喀则机场高速公路有望2023年投入运营，将实现拉萨、日喀则、山南、林芝4地市通高速公路，形成以拉萨为中心的3小时经济圈；拉萨、日喀则、山南、林芝、昌都5地市机场通高速公路，区域协调发展能力和综合交通运输体系得以快速提升。截至2021年8月21日，西藏高等级公路里程达到1105千米，对促进西藏融入“一带一路”倡议，建设面向南亚开放大通道，发挥了极为重要的支撑作用。

四是“两路”精神增添大能量。“两路”精神是西藏交通人的“传家宝”，是西藏交通运输事业发展的不竭动力。西藏交通运输系统深入贯彻落实习近平总书记对川藏、青藏公路建成通车60周年做出的重要批示精神，以“两路”精神纪念馆为红色基地，筑牢了“红色基因”，打造了“红色品牌”，释放了“红色能量”。2019年11月12日，“两路”精神纪念馆被国家民委命名为“第六批全国民族团结进步教育基地”。开馆以来，200余家单位的干部职工、部队官兵、企业员工、离退休老同志共1.3万余人前来观展，为西藏精神文明建设和民族团结教育植入“红色基因”。在“两路”精神的鼓舞下，区交通运输厅系统先后圆满完成了“4·25”尼泊尔地震、G109唐古拉山段阻断、“10·11”金沙江堰塞湖、林芝尼西森林山火等特大运输保障等急难险重抢险保通任务45次。

五是“十四五”规划引领大跨越。在当前和今后一段时期，西藏交通运输部门将进一步把握新发展阶段、贯彻新发展理念、构建新发展格局，围绕“稳定、发展、生态、强边”四件大事，把“三个赋予、一个有利于”要求贯穿交通运输工作各个方面，不断弘扬“老西藏精神”“两路”精神，高质量推进“十四五”规划落地见效，为推动西藏长治久安和高质量发展提供坚实的交通运输保障。

“十四五”期间，西藏将加快公路交通重大项目建设，建设更多的“团结线、幸福路”，加大推进进出藏通道建设，除了完成 G6 青藏高速那曲至拉萨段、G4218 拉萨至日喀则机场高速公路、G219 墨脱至察隅段等项目建设外，还要深化 G6 格尔木至那曲、日喀则至吉隆，G0613 昌都至邦达机场等项目前期工作；完成川藏公路 G318、新藏公路 G219 以及滇藏公路 G219 西藏段提质改造；打通 G219 待贯通路段，实现全自治区国道全部黑色化；完成川藏铁路配套公路项目建设；加强国防、边防交通保障能力建设，为强边固防、兴边富民提供有力保障。

西藏还将巩固脱贫攻坚成果，服务乡村振兴战略，全面推动“四好农村路”建设，扎实开展“我为群众办实事”实践活动，2021 年年底前解决好全自治区 55 个行政村硬化路“最后一千米”问题；“十四五”期间，力争实现全自治区 100% 的乡镇和 88% 的建制村通硬化路，力争更多乡镇、建制村通客车，努力解决城乡发展不平衡不充分问题，让西藏各族群众的获得感成色更足、幸福感更可持续、安全感更有保障。

力争到“十四五”末，西藏公路通车总里程和高速公路通车里程分别达到 120000 千米和 1300 千米，西藏国道全部黑色化，实现所有乡镇、建制村通硬化路。

中央第六次西藏工作座谈会以来的五年里，西藏交通运输系统牢固树立以人民为中心的发展思想，坚持新发展理念，取得的成就令世人瞩目。这些成就的取得是以习近平同志为核心的党中央亲切关怀的结果，是中央和国家有关部委倾力支持的结果，是全国人民无私支援帮助的结果，也是西藏各族人民和西藏交通人一起，在西藏自治区党委、政府的坚强领导下，传承和弘扬“老西藏精神”和“两路”精神、凝心聚力、苦干实干的结果。

西藏自治区交通运输厅将始终坚持以习近平新时代中国特色社会主义思想为指导，增强“四个意识”、坚定“四个自信”、做到“两个维护”，不忘初心、牢记使命，面对成就找差距、静下心来补短板，在新时代的奋进中找准新定位、展示新作为、勇攀新高峰，以迎难而上、敢打硬仗，交通先行、永不停步的实际行动体现对习近平总书记和党中央的绝对忠诚！

西藏自治区交通运输厅厅长

徐文绲

第一篇 概 览 篇

概　述

波墨公路，即国道 559 线波密至墨脱段。国道 559 线起点位于察隅，经波密扎木镇穿越嘎隆拉山至墨脱县城。波墨公路是《国家公路网规划（2013 年—2030 年）》中所规划的 81 条联络线中序号第“59”的重要组成部分。波墨公路是墨脱县第一条、也是目前唯一的一条通向外界的公路，因此，习惯上也被称为“墨脱公路”。波墨公路的起点位于波密县城扎木镇，西接国道 318 线，新建帕隆藏布大桥跨越帕隆藏布江，经嘎隆寺、波弄贡（80K）、达木、米日，终点位于墨脱县城莲花广场，全长 113.95 千米。

据现有史料记载，波墨公路整治改建工程在墨脱公路建设史上属于第六次建设。本期工程于 2017 年 11 月 7 日正式开工建设，至 2020 年 9 月 29 日全面完工，工程总投资近 12 亿元，由国家全额投资，是历史上对这条公路投资最多、规模最大、标准最高的一次改建。

本期波墨公路整治改建工程，是对上期“波墨公路新改建工程”的整治改建和提质升级。上期“波墨公路新改建工程”，总投资 9.5 亿元，于 2009 年 4 月 20 日正式开工建设，于 2013 年 10 月 31 日正式建成通车。

本篇对波墨公路整治改建工程的项目概况，建设背景、意义、方案、标准和参建单位等进行记述。

第一章 项目概述

一、波墨公路整治改建工程目标任务

2009年4月20日开工至2013年10月31日通车的“波墨公路新改建工程”，结束了墨脱县作为当时“全国唯一不通公路县”的历史，实现了我国“县县通公路”的目标，具有极为重要的历史意义。完成新改建工程后的波墨公路，由于在墨脱境内采用的是砂砾简易路面，安全防护工程少，行车安全性和舒适性较差，且只能全线通车8—9个月，加之公路沿线工程地质病害众多，灾害频发，公路抗灾能力差，沿线存在一些“卡脖子”路段，严重影响公路通行能力和行车安全。因此，本期（2017年11月7日—2020年9月29日）波墨公路的“整治改建工程”，将在上期（2009年4月20日—2013年10月31日）“新改建工程”的基础之上，实现下列建设目标：一是新

图 1-1-1 一期竣工后的波墨公路

建帕隆藏布大桥、嘎隆拉隧道出口棚洞，加固整治达国大桥和西莫河大桥等控制性工程；二是对全线路面进行硬化处理，并增设交通安全设施；三是对部分平纵指标较低的路段、边坡防护及排水工程不完善的路段、产生了崩塌水毁或崩塌水毁趋势愈来愈严重的路段进行整治。

本期工程完成后，波墨公路全年通车时间将从上期工程建成后的8至9个月，延长至11个月，并较大程度地提高公路技术指标、公路整体抗灾能力和公路通畅率，大大改善通畅能力和提升安全行车条件。

二、波墨公路整治改建工程名称的由来

墨脱公路建设的前期工作历时较久，研究可分为两个阶段，2001—2003年为第一阶段，2005—2017年为第二阶段。

第一阶段，规划勘察设计方通过综合比选论证，向建设管理方推荐了经米林县派镇到墨脱县城墨脱镇的“派墨线”方案，后因项目区气象、水文、地质等条件极其特殊和复杂，缺乏系统可靠的基础资料，工可阶段存在对项目区自然条件的认知程度有限，工程建设隐伏较大的工程风险，施工组织极其困难且投资规模偏大等因素，“派墨线”方案，只作为备用方案。

第二阶段，规划勘测设计方对包括墨脱公路的6条路线方案进行了更为细致的综合分析和比选研判。最终推荐了更适合当时经济条件、技术条件，工程风险可控的“波墨线”方案，并把项目名称确定为“西藏林芝地区波密扎木镇至墨脱县城公路新改建工程”，这个项目名称一直沿用到2011年。

图1-1-2　波墨公路嘎隆拉雪山老路

2011年12月，规划设计部门向国家发改委及交通运输部上报文件时，为保持与原名称一致，以《西藏波密扎木至墨脱县城公路新改建工程工可调整报告》上报审批。

2013年4月17日，国家发展和改革委员会同意了西藏墨脱公路投资规模调整，下发了《国家发展和改革委员会办公厅关于调整西藏自治区墨脱公路投资规模的批复》（发改办基础〔2013〕930号）的通知。

2013 年 6 月，规划设计部门向交通运输部上报初步设计文件时，为与工可批复的项目名称一致，上报文件的项目名称改为《西藏墨脱公路后续工程》。

2014 年 4 月 17 日，在《交通运输部关于调整西藏自治区墨脱公路工程规模及概算的批复》（交函公路〔2014〕159 号）中，此项目工程规模调整内容包括工程变更和后续工程。项目名称结合前期新改建工程和初步设计批复内容，为与《西藏自治区交通运输厅关于西藏波密扎木至墨脱县城公路新改建项目后续工程勘察设计委托书》（藏交建委字〔2011〕10 号）保持一致，施工图设计上报文件时的项目名称为《西藏林芝地区波密扎木至墨脱县城公路新改建项目后续工程》。

2013 年 6 月 20 日，在交通运输部编制的《国家公路网规划（2013 年—2030 年）》中，波密县城扎木镇到墨脱县城墨脱镇的这段公路，纳入国道 559。国道 559 起点位于察隅，经波密扎木至墨脱，波墨公路为其中的波密县城扎木镇至墨脱县城墨脱镇的这一段。

本期波墨公路整治改建工程，是上期波墨公路新改建工程及其后续工程的延续，因此，根据最新的国家公路网规划，本期项目名称确定为：国道 559 线波密至墨脱段公路整治改建工程，简称：波墨公路整治改建工程。

三、波墨公路整治改建工程完成情况

（一）路桥等级

全长 113.95 千米的波墨公路，经过本期整治改建工程达到下列标准。

三级公路标准：帕隆藏布大桥、嘎隆拉隧道出口棚洞段和墨脱县城入城段按三级公路标准建设，设计速度采用 30 千米 / 小时，路基宽度分别按照 7.5 米至 19.5 米控制。

四级公路标准：其余路段均按照山岭重丘区四级公路标准建设，路基宽度 4.5 米，同时，对有条件的路段路基宽度适当加宽，设计速度采用 20 千米 / 小时，困难地段适当降低技术指标。

桥梁建设标准：新建的帕隆藏布大桥（扎木新大桥）采用公路 –I 级，其余新建桥梁采用公路 – Ⅱ 级。

（二）工程进度

2017 年 11 月 7 日项目正式开工建设。

2019 年 5 月 10 日完成全部路基转序（历时 19 个月）。

2020 年 8 月 15 日完成全部合同约定工程量（历时 34 个月）。

2020年8月25日完成第三方交工质量检测及项目现场安全评价调查。

2020年9月29日完成工程质量核验，达到交工验收条件。

（三）项目投资及来源

波墨公路整治改建工程项目由国家全额投资，预算总投资为117724.2044万元。

（四）完成主要工程量

（1）路基：挖方56.75万立方米，填方25.97万立方米；防护工程28.73万立方米；边沟87417米；渡槽4处，共60米；浆砌片石护面墙11647.03立方米；主、被动防护网51093平方米。

（2）路面：20厘米厚水泥稳定砂砾基层59.14万平方米，SBS改性沥青混凝土面层26.71万平方米，水泥混凝土面层37.15万平方米。

（3）涵洞：新建盖板涵471.91米/69道，新建波纹管涵1277.23米/162道，接长利用涵洞312.69米/95道，整治利用涵洞600.1米/91道。

（4）桥梁：新建钢筋混凝土大桥188.08米/1座，中桥289.6米/8座，小桥205.2米/9座；钢桁架桥223.28米/7座；加固维修悬索桥376.2米/2座；完全利用桥梁361.16米/10座。

（5）隧道：明洞1处，长75米；棚洞3处，长共268米。

（6）交安工程：波形梁钢护栏20248.85米，混凝土墙式护栏53181.05米；标志、标牌1011块。

第二章 建设背景及意义

一、波墨公路在新改建工程完成前后的通车情况

在2013年10月31日波墨公路新改建工程完工之前，波墨公路始终处于“南通北阻、北通南阻”的状态。

波墨公路以嘎隆拉山为界，分为南北两段。由于雪山开山季节与墨脱境内雨季基本重叠，每当嘎隆拉开山、山北的北段可以通车时，山南的南段又因雨季的到来而无法通车；而当山南的墨脱过了雨季可以通车时，山北的公路又因大雪封堵了。故在2009年启动波墨公路新改建工程时的建设思路是：“以通为核心，重点稳固路基下边坡”。这一思路在新改建工程中得到了贯彻落实。此期工程完工后，波墨公路全线及分段通车时间均得到大幅延长。

北段，由于嘎隆拉隧道的贯通，基本上克服了大雪封山的制约，嘎隆拉雪山段（北段）原来每年不足3个月的通车时间已延长到9—10个月。

南段，由于墨脱境内的（南段）公路在改建中也通过加强上、下边坡防护，对一般地质灾害进行有效治理，路基下边坡已逐渐趋于稳定，尤其是K86—K108水毁路段经受住了几个雨季的考验，其地质灾害已经由原来的“串珠状”演变为“点状”。墨脱境内的南段公路的通车时间从以前的不足5个月延长到近10个月。

至此，波墨公路每年全线通车的时长也提高到8—9个月。在常规气候条件下，小汽车从波密至墨脱5小时可到达，已基本能实现从波密至墨脱当日往返。

二、波墨公路在新改建工程完成后仍然存在的问题

（一）公路抗灾能力差

波墨公路基本上是一条依山傍水的沿溪线，项目区域内“地质构造之复杂、地形之陡峻、降水量之大、河道冲刷之强烈、坡体稳定性之差、地质灾害之多”六项为国内之最。波墨公路项目区气候、气象条件特殊，雨量极其充沛，路线经过段地质灾害众多，泥石流、崩塌、水毁现象严重，经现场调查，密集分布有各类地质病害164

处，平均达 1.44 处 / 千米。地质灾害频发，老路路基经常被毁，交通时常被中断。

2009 年 7 月，黑日桥、米日村泥石流爆发，造成道路断通约 15 天；2010 年 6 月，18K 冰川泥石流爆发造成道路断通约 45 天；2011 年 6 月，K84+100 处发生大型崩塌造成道路断通约 30 天；2011 年 1 月至 4 月扎墨公路沿线遭遇气象站建站 30 年以来最大降雪，在 K9—K31 等区段共发生雪崩 27 处，9 处发生超大规模雪崩、18 处为中小型雪崩，实行道路交通管制限行约 90 天；2012 年 9 月中旬，K95+500—K95+600 段发生大型滑坡，造成道路断通约 30 天；2012 年 10 月 8 日，K108+500—K108+700 段发生大型滑坡，造成道路断通约 20 天。

地质病害具有很多不确定性，随时可能爆发，如不采取整治措施，波墨公路仍然存在公路断通的风险。同时，因特殊的地形、地质、气候等条件，还可能诱发新的地质灾害，亟须对潜在的病害路段进行治理，避免衍生扩大，提高抗灾能力。

（二）公路技术指标较低

砂砾路面。波墨公路因大部分路面采用的是砂砾路面，经雨水冲刷和车辆碾压，路面坑洼，行车安全与舒适度非常差。

图 1-2-1　嘎隆拉隧道

平面回头曲线。波墨公路小半径回头曲线路段多。困难回头曲线最小半径为 6 米 /2 处、7 米 /1 处、8 米 /20 处、半径为 9 米 /8 处、半径为 10 米 /13 处、半径为 11 米 /2 处、半径为 12 米 /2 处、半径为 14 米 /1 处，一般平曲线最小半径 12 米 /8 处、12.5 米 /1 处、半径为 13 米 /7 处、半径为 14 米 /2 处，不满足规范要求的路段长度为 2092.63 米，约占全线的 1.81%。

纵坡。波墨公路纵坡 >10% 的 75 处，长 8550 米，占路线长度的 7.37%；其中纵坡 >12% 的 32 处，长 3735 米，占路线长度的 3.28%，最大纵坡 14%，有 6 处，长 750 米，占路线长度的 0.65%。

综合危险路段。最为突出的是 K54+600—K54+885、K55+270—K55+385、K80+540—K80+630、K80+630—K80+810、K84+335—K84+565、K86+490—K86+630、K86+850—K86+930、K94+525—K94+630、K104+610—K104+655 等路段，这些路段处于悬崖峭壁旁，路基宽度一般为 3.0—4.5 米，错车难度较大，加上急弯陡坡，通行能力受限，行车安全性、舒适性有待提高。

（三）公路沿线防护、排水工程有待加强

波墨公路因其特殊的地理、地质、气候条件，特别是墨脱境内降雨量大、山体极为松散、长期处于饱水状态、山体稳定性极差，上边坡在雨水作用下容易垮塌；在上期建设中，受投资规模限制，沿线防护工程不足，小型崩塌、山体落石随处可见；与此同时，公路排水设施不完善，山体渗水、谷间汇水难以及时排出，导致路基损毁。

三、波墨公路整治改建工程的建设意义

（一）巩固扎墨公路现有建设成果、提高道路抗灾能力和行车安全性的需要

从 20 世纪 60 年代初至 2006 年，国家耗费了大量的人力物力修建扎墨公路（后称波墨公路），但由于对项目建设的客观条件认识不足等原因，工程被迫多次中止，随着对项目区建设特点的深入了解，自 2009 年新改建工程开始至 2017 年，扎墨公路的建设取得了一定成效，实现了扎墨公路全年 8—9 个月通车的目标，但受建设条件及资金制约，本期项目开工前，经现场调查，密集分布有各类地质病害 164 处，平均每千米达 1.44 处。其中滑坡 12 处、崩塌 8 处，泥（水）石流 54 处，不稳定边（斜）坡 84 处、雪害 6 处，未能得到有效治理，地质灾害频发，老路路基经常被毁，交通时常被迫中断。同时仍存在部分路段边坡防护及排水工程不完善的情况，一些小型的崩塌、水毁也

呈现愈来愈严重的趋势。在降雨量极大、地质极其复杂的状况下，若任其发展，已建工程仍然存在损毁的可能。

本期项目开工前，墨脱公路平面局部困难回头曲线最小半径为6米/2处、半径为7米/1处、半径为8米/20处、半径为9米/8处、半径为10米/13处、半径为11米/2处、半径为12米/2处、半径为14米/1处；纵坡>10%/75处，长8550米，占路线长度的7.37%。同时表现最为突出的是K54+600—K54+885、K55+270—K55+385、K80+540—K80+630、K80+630—K80+810、K84+335—K84+565、K86+490—K86+630、K86+850—K86+930、K94+525—K94+630、K104+610—K104+655等路段，这些路段处于悬崖峭壁旁，路基宽度一般在3.0—4.5米之间，错车难度较大，加上急弯陡坡，道路通行能力受限，行车安全性难以保障。

为防止地质灾害对已建成的道路工程造成严重破坏，采取必要的后续工程措施，进一步对道路进行整治改造，提高道路的抗灾能力和行车安全，是十分必要的。

（二）实现西藏自治区“十二五”经济社会发展规划及路网规划的需要

西藏自治区“十二五”国民经济和社会发展的总体目标是：保持经济跨越式发展的势头，农牧民人均纯收入全国平均水平的差距显著缩小，基本公共服务能力显著提高，生态环境进一步改善，基础设施建设取得重大进展，各民族团结和谐，社会持续稳定，全面建设小康社会的基础更加扎实。毋庸置疑，安全顺畅的墨脱公路对于墨脱县、林芝地区“十二五”经济社会发展规划的落实必将起到至关重要的作用。

同时，在2013年6月20日交通运输部公布的《国家公路网规划（2013年—2030年）》中，普通国道将增至119条（包括既有国道），此外还有81条联络线。规划普通国道总里程由1981年的10.6万千米增长到26.5万千米，扎（木）墨（脱）段公路纳入联络线国道559线（察隅—墨脱），国道559线起点位于察隅，经波密至墨脱，扎墨公路为其中的波密至墨脱段，因此，对完善国道公路网和西藏自治区道路网络，带动地方经济发展是十分必要的。

（三）体现民族平等、加强民族团结、维护国土完整、巩固国防建设的需要

西藏和平解放已50余年，墨脱是全国最后一个通公路的县，居住在这里的门巴族、珞巴族等少数民族依然处在十分原始的生活状态之中。改善波墨公路通行条件是加强民族团结的民心工程。

2013 年，波墨公路初通，受地质、气候条件限制，公路运输能力有限，后续物资仍然不能及时充分保证供给，波墨公路的运输能力对巩固国防、兴边富民起着重要作用。

（四）实现墨脱富强、人民幸福的需要

墨脱交通的现状长期制约着墨脱的经济发展和社会进步，墨脱优越的自然条件并未给墨脱人民带来财富，贫穷与落后始终伴随着墨脱人民。墨脱人仍守着十分有限的山坡地，沿袭着刀耕火种、狩猎为生的原始农业生产方式，既破坏了当地的生态环境，也无法从贫困落后中解脱出来。由于交通落后，道路状况极差，车辆坠崖事故时有发生，墨脱固有的资源优势始终无法转化为发展优势。只有安全畅通的公路才能将当地人民从残酷的现实中解脱出来。

（五）充分利用项目区各种资源、加快墨脱经济发展的需要

迄今为止，墨脱和雅鲁藏布大峡谷仍然是世界上最原始、最神秘、最寂静、最美丽、最险峻、最奇特、生态保存最完好、野生动植物种类多样的地方之一。这里所蕴含的旅游资源、森林资源、水利资源、生物资源开发潜力巨大。该地区地质构造和气候的特殊性、动植物种群的多样性，使该地区成为人类探索、研究自然的最佳场所。

图 1-2-2　G219 墨脱多龙岗搬迁点

墨脱县“十二五”确立了新的发展目标，积极打造“生态特色农牧业、生态特色高端旅游业、门珞特色文化产业及水电产业”四大产业。而这些产业的发展对公路的通行条件和保障能力提出了新的、更为迫切的要求。

随着波墨公路运输条件的改善，各类资源将得到应有的开发和利用，社会经济发展会得到有力促进，也将为针对该区域展开的相关科学研究工作创造更好的条件。

第三章 建设方案

一、波墨公路整治改建工程建设条件

（一）气象

波墨公路整治改建工程项目区，主要受印度洋暖湿气流与西南季风影响。印度洋暖湿气流沿雅鲁藏布江及其支流逆流而上，进入青藏高原东南内陆地区，气流强度由下游往上游逐渐减弱。同时，由于岗日嘎布山脉的阻挡，沿嘎弄曲逆流而上的水汽不能越过山脉进入波密，导致波密与墨脱成为两个不同的气候区。波密属温带半湿润高原季风气候区，而墨脱属亚热带湿润气候区。

温带半湿润高原季风气候：

据波密扎木镇气象资料统计，县城区多年平均气温为 8.5℃，最冷月（1 月）平均气温为 –0.2℃，最热月（7 月）平均气温为 16.4℃；极端最高气温 31℃，极端最低气温 –20.3℃；无霜期 176 天，昼夜温差大；温度垂直变化明显，其规律大约为每升高 100 米，气温下降 0.74℃；年日照 1563 小时。多年平均降水量为 97.1 毫米，3—10 月降水量约占全年 93.5%；以多雨温暖湿润天气为主。11 月至次年 2 月降水量仅占全年的 6.5%；年相对湿度 71%：从波密到 24K（嘎隆寺），随海拔高度的增加，预计年均降水量大于 1000 毫米；受高山深切河谷地形地貌影响，不同海拔、坡向导致水热再分配，气候垂直分带明显：海拔 1200~2700 米属高原温带半湿润气候带，植被以针叶松及低矮灌丛构成的原始森林为主，沟谷中下游分布有少量阔叶林及一年生草本植物；4200 米以上属高原冷湿寒温带。植被以草甸为主；部分沟谷及

图 1-3-1　2019 年 2 月 28 日 24K 大雪崩后公路开挖的雪槽

图 1-3-2　2020 年 9 月 27 日 K33+225 桑谷沟桥被泥石流冲毁

4500 米以上地带长年为冰雪覆盖。

亚热带湿润气候：

墨脱处于喜马拉雅山脉东南端斜坡地带，是印度洋暖湿气流进入高原的必经之路。同时，受高原斜坡的阻隔，暖湿气流多滞留于此，使该区域成为世界上雨量最为丰沛的地区之一，雨季每天暴雨如泼，峡谷中云飘雾涌，气流升降对流十分猛烈。据有关资料记载，墨脱县年平均气温 18 ℃，最冷月（1 月）均温 8.4 ℃，最热月（7 月）均温 22.2 ℃，日照时间约 2000 小时，年降水量约 2260 毫米。无霜期 330 天，相对湿度 80% 以上。墨脱地区 5—9 月为雨季，其中 6 月、8 月降水为最强，5 月、7 月、9 月次强，10 月、2 月、3 月、4 月降水相对较少，11 月、12 月、1 月为旱季，以降雪为主。80K 前后路段，年降雨量 2000—4000 米。丰富的降水是形成洪水灾害、不良地质现象频繁发生的重要外因之一。

波墨公路整治改建工程项目区北段属温带半湿润高原季风气候区，南段则属亚热带湿润气候区。

（二）水文

波墨公路整治改建工程项目区属雅鲁藏布江下游水系，分布有雅鲁藏布江一级支流金珠曲、帕隆藏布江及雅鲁藏布江二级支流嘎弄曲等。其中金珠曲及嘎弄曲发源于岗日嘎布山南坡；帕隆藏布江发源于岗日嘎布山北坡。

雅鲁藏布江。项目区处于雅鲁藏布江下游地段，由北流向南，区内长度约 28 千米，河谷宽度 150—300 米，横向呈 V 形，河床纵坡约 6%。水源以冰雪融水为主，受大气降水影响明显；水流量大，正常洪水位高出常规水位 6—12 米；两岸发育数十条支流，其中在项目区的支流主要有金珠曲、海热曲、西莫河等。波墨公路 K88+500—K115+56 段位于雅鲁藏布江左岸。

金珠曲。金珠曲为雅鲁藏布江一级支流。项目区属其下游地段，区内长度约 6 千米，自北东流向南，向南注入雅鲁藏布江。金珠曲水流湍急，流量 30—100 米 ^{3}/ 秒米，水温 2—5℃。河谷狭窄，河床宽 30—80 米，纵坡 6%—10%，河水下切作用强烈。两岸发育数条树枝状冲沟，流量 15—100 米 ^{3}/ 秒：左岸陡峭，右岸相对较缓，局部发育有 1—4 级阶地。该线路 K81+000—K84+940 段沿金珠曲右岸展布，在 K84+940 经达国大桥跨入金珠曲左岸，线位分布于 K84+940—K88+500 段。

嘎弄曲。嘎弄曲为雅鲁藏布江二级支流、金珠曲一级支流。自北流向南，在 K106 处汇入金珠曲，河水清澈，水流湍急，流量约每秒 30—50 立方米，水温 2—5℃。暴雨时河水水位上涨明显。河谷狭窄，河床宽 30—150 米，纵坡约 6%—15%。河床未见岩石，多为松散的卵石、漂石。河水下切作用极为强烈。两岸发育数十条树枝状冲沟，沟床呈阶梯状，上陡下缓，流量为每秒 15—80 立方米。

帕隆藏布江。帕隆藏布江为雅鲁藏布江一级支流，是雅鲁藏布江五大支流中流量最大的一条。河水自东向西，再向南流入雅鲁藏布江。河水清澈，水流湍急，水源主要为冰雪融水，受大气降水影响明显。暴雨时，河水水位明显上涨。项目区河谷较开阔，河谷宽约 1.0—1.5 千米，河床宽 150—300 米，纵坡约 6%。以底蚀作用为主，发育有 1—3 级阶地，阶地与阶地高差一般为 1—3 米，阶地的海拔高度为 2710—2750 米，阶地发育宽度多在 0.5—1.0 米范围内。河谷两岸山体坡面侵蚀冲沟发育，在山体下部平缓地段，受洪积作用形成许多大小不等的洪积台、洪积扇、洪积锥。波墨公路起点通过扎木大桥，即从帕隆藏布江右岸跨入左岸，并在 K0+360—K4+000 段沿帕隆藏布江平行展布。

（三）地形地貌

墨脱县位于雅鲁藏布江大拐弯下游，喜马拉雅山脉南麓山高谷深、山峦起伏、地势险峻、森林广布，境内地面溪河与山川相呼应，呈树枝状分布，地貌类型复杂多样。墨脱县东、西、北三面环绕着高山，雅鲁藏布江自北向南穿过全境，将全县分为东、西两大部分，并形成向南开口的“马蹄形”地势。县北部为岗日嘎布山脉，西部和西北部属喜马拉雅山脉高山地段，南部为雅鲁藏布江河谷地段。最高地段位于南迦巴瓦峰和加拉白垒峰南脚处，海拔一般为 4000—5000 米，最高峰南迦巴瓦峰，海拔 7787 米，山顶常年积雪，山势陡峭；最低地段为雅鲁藏布江出口处巴昔卡，海拔 155 米，全县平均海拔 1200 米。

由于高山冰雪融冻侵蚀和河流的切割，使墨脱县绝大部分山地的切割密度大，切割深度多在 2000 米以上，有的甚至 6000 多米，尤其是雅鲁藏布江大拐弯更是形成了世界上最深最长的大峡谷。

波墨公路整治改建工程项目区内，最高海拔6648米，最低海拔665米，山顶至河谷相对高差一般在2000米以上。沿线依次分布河谷堆积地貌、冰川地貌、高山峡谷地貌和中—高山峡谷地貌等四类地貌。

二、波墨公路交通量预测

根据从波密县、墨脱县以及52K检测站收集到的交通量数据分析，得出趋势交通量、诱增交通量、旅游交通量及建筑车辆交通量预测结果，汇总得到该项目各特征年交通量预测结果。

表1-3-1　**各特征年交通量预测汇总表**　单位：pcu/d

类型	交通量组成	车型	2019年	2020年	2025年	2033年	2038年
趋势交通量	趋势交通量（扣除旅游交通量）	客车	24	25	38	66	86
		货车	35	40	65	124	177
		小计	59	64	103	189	264
	旅游交通量	客车	141	161	263	505	736
		小计	141	161	263	505	736
	合计		200	225	366	694	1000
诱增交通量	诱增交通量	客车	46	52	80	131	169
		货车	10	11	17	28	36
		小计	56	63	97	159	205
	合计		56	63	97	159	205
汇总交通量		客车	211	238	380	703	991
		货车	45	51	82	152	214
		合计	256	289	462	855	1205

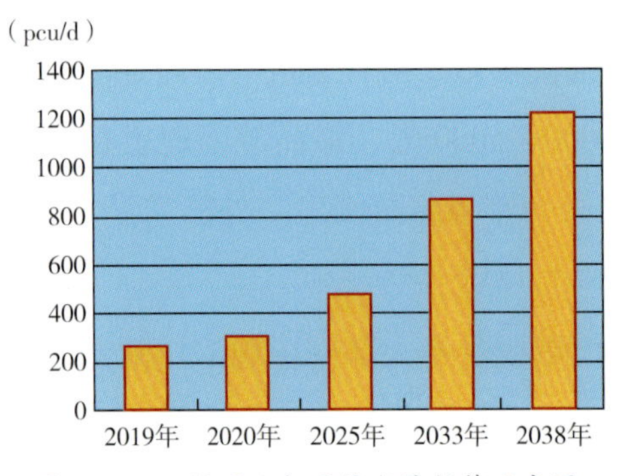

图1-3-3　该项目交通量发展趋势示意图

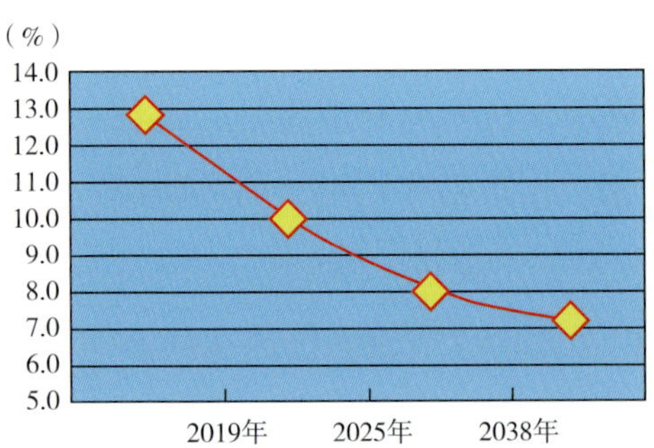

图1-3-4　该项目路段交通量增长速度示意图

三、波墨公路整治改建技术标准

根据交通量预测结果和交通运输部颁布的《公路工程技术标准》(JTG B01—2014)、《国家公路网规划(2013—2030年)》《1991—2020年西藏公路网规划》《西藏自治区公路交通发展"十二五"规划》以及《西藏林芝地区公路网规划》,考虑到波墨公路整治改建工程项目区内特殊的地形、地质、气候条件等诸多因素,因地制宜地提出了波墨公路整治改造工程的技术标准。

因本期整治改造工程的重点是加强防护排水、路面硬化、地质灾害处治,所以路线的平纵指标、路基宽度原则上维持波墨公路现状,在路基宽度受限制的特殊困难路段,则适当拓宽路基或增设错车道。

表 1-3-2　　波墨公路整治改建工程技术指标表

序号	技术指标名称	单位	起点扎木大桥新建段	隧道段	一般路段(含支线)
1	地形		山岭区	山岭区	山岭区
2	公路等级		三级	三级	四级
3	计算行车速度	千米 / 小时	30	30	20(回头弯 15)
4	路基宽度	米	19.5	7.5	4.5(6.5)
5	平面线形				
	一般最小半径	米	40	30	15(回头弯 8)
	不设超高最小半径	米	150	350	150
	最小曲线长度	米	25	40	20
6	纵断面线形				
	最大纵坡	%	7	8	10(困难地段 14)
	凸形一般最小竖曲线半径	米	400	400	200
	凹形一般最小竖曲线半径	米	400	400	200
7	桥涵设计车辆荷载		公路 - Ⅰ级	公路 - Ⅱ级	
8	大、中、小桥、涵洞、路基设计洪水频率		(新建扎木大桥 1/100)(其他大、中桥 1/50)(小桥涵 1/25)		

(一)扎木镇—嘎隆拉隧道出口(K0+000—K27+046)(对应上期新改建工程 K0+000—K55+545)

本期项目开工前,波密县城帕隆藏布江两岸过江通道只有 2 座桥梁,扎木大桥为危桥，限载通行；另一座桥梁位于现有扎木大桥上游约800米处，排洪能力不足，严重限制了城市的发展空间。

根据《西藏自治区林芝地区波密县城区总体规划（2013—2030年）》，波密县城区未来构建“一带两心两轴四片六廊道”的结构。其中两轴是指国道318南线与川藏铁路的交通横轴、连接南岸新城与县政府所在地北岸旧城的木州路商业纵轴。

根据规划，未来川藏铁路波密火车站设置在帕隆藏布江南部，县城南部片区是波密县城近期建设的重点，在保护河心岛及沿岸自然生态环境的前提下，发展有特色的高端商务休闲区。

本期整治改造结合城市发展规划及地方政府的要求，增加过江通道，拓展城市发展空间，减轻过境交通对县城的交通压力。

本期整治改造工程对扎木大桥采用易地新建方案。新建路段里程桩号K0+000—K1+010，考虑新建扎木大桥为永久性工程，提高一级建设标准。同时，考虑到未来川藏铁路火车站建成后带来巨增的货流和客流等因素，故采用公路－Ⅰ级汽车荷载等级，新建段采用双向4车道，道路两侧设置2米宽的人行道，路基宽度19.5米。

K1+010—K23+686段（对应上期新改建工程桩号K0+000—K48+185），扎木至嘎隆寺（24K）段，全长23.676千米。该段位于波密县境内，地形条件较好。在上期新改建工程中，已按照设计时速20千米/小时的对向双车道四级公路标准实施，路基宽度6.5米，除部分路段采用条石路面便于养护保通以外，其余各段均采用沥青混凝土路面。

嘎隆拉隧道及其引线段部分，即K23+468—K27+046段，对应上期新改建工程桩号K48+185—K51+545，隧道长3.36千米，已在上期新改建工程中，按三级公路标准一次建成，设计时速30千米/小时，路基宽度7.5米。本期整治改造工程对此段直接利用。

（二）嘎隆拉隧道出口—52K（冈戎勒）（K27+046—K30+600）（对应上期新改建工程K51+545—K54+755）

该段总体工程地质条件复杂，区域地质构造运动活跃，灾害频发，回头弯路基之间斜坡坡体松散，在暴雨及雪崩作用下，可能发生表层失稳，并影响道路安全，因此该段以尽量利用为主。

K27+046—K27+280段（对应上阶段新改建工程桩号K51+545—K51+780）为隧道引线段，长0.234千米，按三级公路标准一次建成，设计时速30千米/小时，路基和

图 1-3-5 嘎隆拉隧道墨脱段出口

路线方案以利用为主。

K27+280—K30+600 段（对应上阶段新改建工程桩号 K51+780—K54+755），长 3.30 千米，属于特殊困难路段，设置 9 处回头曲线，最小曲线半径 6 米的 1 处，回头曲线半径 8 米的 5 处，最大纵坡 8.0%，基本按四级公路标准建设。为避免引发地质灾害，造成大面积水土流失，保护沿线的生态环境，技术指标有所降低，操作中按设计速度 15 千米 / 小时来控制平纵面指标。因此路线方案已尽量利用局部改善为主。

K30+580—K31+200 段（对应上阶段新改建工程桩号 K54+735—K55+620），按四级公路标准建设，设计时速 20 千米 / 小时，平纵指标达到单车道标准。因此该段路线以尽量利用为主。

（三）52（冈戎勒）—达尔曲段（K30+600—K50+500）（对应新改建工程 K75+000）

K30+600—K50+500 冈戎勒至达尔曲段，全长 19.900 千米。该段属强烈剥蚀、河谷强烈下切的高山峡谷地貌区。该段地形起伏及相对高差不大，自然坡体较稳定。该路段地形较为平缓，按照四级公路标准建设，设计时速 20 千米 / 小时，平纵指标达到单车道四级公路标准。本期整治改造工程完全利用。

图 1-3-6　波墨公路 K71 临崖段

（四）达尔曲回头曲线群路段（K50+500—K54+390）（对应新改建工程 K75+000—K79+050）

K50+500—K54+390 达尔曲回头曲线群路段，全长 4.39 千米。该段是整个项目地形、地质条件最为复杂的路段，分布回头曲线 21 处，是平纵面指标相对较低的路段之一。

该段属构造强烈剥蚀、河谷强烈下切的高山峡谷地貌区。此段为冰川—暴雨型泥石流堆积物与嘎弄曲高基座右岸阶地相互叠加地段，总体上该段线路工程地质条件较好，属工程地质条件较稳定路段，仅局部地段（K50+760—K52+300）属欠稳定地段。

经上期新改建工程建设后，回头曲线最小半径 6 米的 1 处，8—12 米的 1 处。该段路线超过 10% 的纵坡里程为 12 处，长 1.08 千米，约占该段里程的 29%。达尔曲回头曲线群路段属于特殊困难路段，为避免引发新的地质灾害，造成大面积水土流失，保护沿线的生态环境，技术指标有所降低，在实际操作中按设计时速 15 千米 / 小时来控制平纵面指标。因此路线方案以尽量利用、局部改善为主。

（五）达尔曲—80K 波弄贡（K54+390—K60+310）（对应新改建工程 K79+050—K85+000）

K54+390—K60+310 达尔曲至 80K 波弄贡段，全长 5.92 千米。地貌类型为高山河流深切峡谷地貌。线路沿嘎弄曲河谷右岸斜坡上布线。总体上该段线路工程地质条件较好。两侧地形较为陡峭，为顺应地形条件，结合地质条件，局部路段平面指标相对较低，个别路段路基狭窄，需进行拓宽。本期整治改造对路段采用设计时速 20 千米 / 小时的四级公路标准，路基宽度 4.5 米。

（六）80K 波弄贡—达国大桥（K60+310—K85+130）（对应新改建工程 K85+000—110+280）

K60–310—K85+130 波弄贡至达国大桥段，全长 24.82 千米。该路段为构造强烈剥蚀、河谷强烈下切的高山峡谷地貌，地形具有谷深、坡陡、高差大、坡面形态复杂的特征。地表乔灌木、竹子等植被茂密。线路沿嘎弄曲右岸展布，至 105K 继续沿金珠曲右岸至达国大桥。

该路段是波墨公路水文、地质条件最复杂，地质病害最多的路段。该路段发育有 53 处地质灾害，共分布 84 处灾害点，占全部灾害点的 53. 16%，是地质灾害点最为集中的路段，为波墨公路保通的控制性路段。本期整治改造对现有公路尽量综合利用，局部路段结合桥梁方案进行局部改线，总体技术指标采用设计时速 20 千米 / 小时的四级公路标准，路基宽度 4.5 米。

（七）达国大桥—黑日桥（K85+130—K97+000）（对应新改建工程 K110+280—K121+290）

K85+130—K97+000 达国大桥至黑日桥段，全长 11.8 千米。该路段为构造强烈剥蚀、河谷强烈下切的高山峡谷地貌。路线过达国大桥后，沿金珠曲左岸布线至冷多，再沿雅鲁藏布江左岸至黑日桥。达国大桥至冷多段，水文地质较简单，只在 K85+854—K85+920 存一处不稳定边坡。冷多至黑日桥路段分布多条树枝状支沟水系发育，多为长年流水冲沟。该路段危害最大的为冷多 1 号、冷多 2 号等 7 处活动性大、中型滑坡及坡面碎屑流。本期整治改造对现有道路尽量综合利用，总体技术标准采用设计速度 20 千米 / 小时的四级公路标准，路基宽度 4.5 米。

（八）黑日桥—终点墨脱县城（K97+000—K115+560）（对应新改建工程 K121+290—K140+094）

K97+000—K115+560 黑日桥—终点墨脱县城段，全长 18.56 千米。该路段为高山峡谷地貌区。线路沿雅鲁藏布江左岸展布。

该路段不良地质相对较少，崩滑、边坡、不稳定斜坡多属小型，水石流沟处于衰退期，一次性冲出量较少，只需及时清理即可。主要不良地质为至玛迪1号、2号滑坡，其中玛迪1号滑坡总体稳定，玛迪2号滑坡在暴雨下已发生推移式滑移，本期整治改建对现有道路尽量利用，总体技术标准采用设计时速20千米/小时的四级公路标准，路基宽度4.5米。

总之，波墨公路整治改建工程项目的平纵面指标较低路段，主要集中在嘎隆拉隧道出口的回头曲线群、达尔曲回头曲线群等条件受限段落，本期整治改造对其中8处小半径的回头曲线进行有限改善，其他回头曲线结合整个项目的平纵面指标，同时也考虑到现场的实际情况和气候、地形、地质等因素，强制改造不仅对整个平面没有实质性的改善，还会造成一些不必要的浪费，甚至会因施工诱发不必要的地质灾害，故而维持现状。同时，对上述路段，特别是大纵坡与小弯道组合路段，采用加强交通安全设施和诱导标志，引导车辆安全通行。

本期整治改建，既有波墨公路平面局部困难回头曲线最小半径为8米/22处、半径为9米/4处、半径为9.3米/1处、半径为9.5米/1处、半径为10米/17处、半径

图1-3-7 波墨公路沿雅鲁藏布江展线

为 11 米 /2 处、半径为 12 米 /8 处、半径为 13 米 /3 处、半径为 14 米 /3 处，不满足规范要求路段长度 1946.71 米，约占全线的 1.68%，较现有的波墨公路不满足规范的比例 1.81% 略有改善。纵坡 10%/83 处，长 9640 米，占路线长度的 8.34%，其中纵坡 12%/31 处，长 3660 米，占路线长度的 3.16%。最大纵坡 14%/5 处，长 670 米。较现有的波墨公路最大纵坡略有改善。

在充分研究该项目沿线的地形、地质条件、工程难度和工程代价等因素的基础上，本期整治改建工程，维持原波墨公路新改建工程的标准，即除嘎隆拉隧道段按三级公路标准建设外，其余路段按山岭重丘区四级公路标准进行建设，困难地段适当降低技术指标。

注：文中涉及桩号不统一的问题，是由于工程可行性研究报告中采用的是原扎墨公路的老桩号，而实际施工过程中应用的是本期工程新桩号（老桩号没有去掉隧道段距离），故有所不同。而随着派墨公路的通车，重新规划的国道 559 线波墨公路的桩号还会因此产生新的变化。

第四章　参建单位（上期、本期）

表 1-4-1　　波墨公路两期工程施工单位一览表

合同段	施工单位
西藏波密扎木至墨脱县城公路新改建工程 A 合同段	西藏交通实业发展总公司
西藏波密扎木至墨脱县城公路新改建工程 B 合同段	四川武通路桥工程局
西藏波密扎木至墨脱县城公路新改建工程 C 合同段	四川武通路桥工程局第三工程处
西藏波密扎木至墨脱县城公路新改建工程 D 合同段	西藏天顺路桥工程有限公司
西藏波密扎木至墨脱县城公路新改建工程 E 合同段	西藏天路股份有限公司
A、B、C 合同段监理	铁科院（北京）工程咨询有限公司
D、E 合同段监理	西藏天鹏工程咨询监理有限责任公司
西藏波密扎木至墨脱县城公路新改建工程 后续工程第 A 合同段	西藏惠通交通实业发展有限公司
西藏波密扎木至墨脱县城公路新改建工程 后续工程第 B 合同段	四川武通路桥工程局
西藏波密扎木至墨脱县城公路新改建工程 后续工程第 C 合同段	四川欣通公路工程部
西藏波密扎木至墨脱县城公路新改建工程 后续工程第 D 合同段	西藏天顺路桥工程有限公司
西藏波密扎木至墨脱县城公路新改建工程 后续工程第 E 合同段	西藏天路股份有限公司
西藏波密扎木至墨脱县城公路新改建工程	西藏路安公路防护设施工程有限公司
西藏波密扎木至墨脱县城公路新改建工程	西藏天宇交通有限公司
西藏波密扎木至墨脱县城公路新改建工程尾工完善工程 全一标段	西藏惠通交通实业发展有限公司
国道 559 线波密至墨脱公路整治改建工程一标	山西路桥建设集团有限公司、西藏德海路桥有限公司
国道 559 线波密至墨脱公路整治改建工程二标	中铁十局集团有限公司、中铁十局集团西藏工程有限公司、南京华路公路设备工程有限公司
国道 559 线波密至墨脱公路整治改建工程三标	中铁十局集团有限公司、中铁十局集团西藏工程有限公司、四川西都交通配套设施有限责任公司
国道 559 线波密至墨脱公路整治改建工程机电工程全一标	重庆渝信路桥发展有限公司
监理	深圳高速工程顾问有限公司
设计	中交第二公路勘察设计研究院有限公司
检测	四川正达检测技术有限责任公司

第二篇 背 景 篇

概 述

墨脱所在区域地质环境十分恶劣，属世界地质环境最不稳定的地区之一。纵贯墨脱的雅鲁藏布大峡谷为欧亚板块与印度洋板块的缝合线，内外应力作用十分强烈，地震活动频繁，地震烈度高达Ⅸ度。在强降雨、地震等因素的共同作用下，崩塌、滑坡、泥石流等地质灾害比比皆是。20世纪70年代，国家就开始修建波密县扎木镇至墨脱县城的公路（简称“老墨脱公路”），但受地形、地质、气象等自然因素的制约，加上资金投入不足、技术手段落后，公路建设始终没有质的突破。

2009年4月20日，扎墨公路新改建工程正式开工建设，于2013年10月31日正式建成初通，结束了墨脱作为全国唯一不通公路的县的历史，也标志着我国实现了“县县通公路”的目标。然而，波墨公路新改建工程由于受建设条件及资金制约，部分路段边坡防护及排水工程不完善，且一些小型的崩塌、水毁有愈来愈严重的趋势，在项目区降雨量极大、地质极其复杂的自然状况下，若任其发展，已建工程仍然存在部分损毁的可能。

为解决交通瓶颈制约，推进西藏经济社会快速发展，波墨公路整治改造又被提上日程。

本篇对墨脱公路所在地的人文和自然地理状况作简单介绍，并对墨脱公路半个多世纪的艰难建设史进行简述。

第一章 墨脱人文地理简述

一、墨脱的位置

（一）墨脱位于中国最美山峰南迦巴瓦峰的脚下

南迦巴瓦峰是喜马拉雅山脉东端最高的山峰，海拔7782米，地处东喜马拉雅山系和念青唐古拉山系的交会处。《中国国家地理》杂志组织过一次中国最美山峰的评选，南迦巴瓦峰名列第一。南迦巴瓦峰巨大的三角形峰体终年积雪，云雾缭绕，从不轻易露出真面目，所以它也被称为"羞女峰"。"南迦巴瓦"在藏语中的意思，第一种解释为"雷电如火燃烧"，第二种解释为"直刺天空的长矛"，第三种解释为"天山掉下来的石头"。墨脱县就在这个从天上掉下来的、如雷电之火一般燃烧的、如直刺天空的长矛般却轻易看不见真容的"石头"脚下。

（二）墨脱处在雅鲁藏布江大拐弯的地方

雅鲁藏布江先是沿着喜马拉雅山脉北麓由西向东流，在东经95° 附近围绕南迦

图2-1-1 墨脱县果果塘大拐弯

巴瓦峰做了个奇特的马蹄形大拐弯，这个大拐弯就是雅鲁藏布江大拐弯。随后转向南流，墨脱是雅鲁藏布江流经中国境内的最后一个县。

在雅鲁藏布江大拐弯处，南面是南迦巴瓦峰，北面是海拔7294米的属于念青唐古拉山脉的加拉白垒峰，两峰相距仅20千米，两峰夹持着雅鲁藏布江，形成了最深、最长的世界第一大峡谷——雅鲁藏布大峡谷，这个深达6000米、长达500千米的世界第一大峡谷的核心地区就在墨脱。

（三）墨脱在西藏自治区东南部，为林芝市辖县

墨脱县地处北纬27° 34′—29° 56′，东经93° 46′—96° 05′，面积3.4万平方千米，是西藏自治区林芝市下辖的一个行政县。东以丹巴曲与察隅县相隔；北以岗日嘎布山与波密县相接，嘎隆拉为其主要山口；西北以喜马拉雅山东端主脊体为界与米林县相邻；西南以西巴霞曲为界与山南市错那县和隆子县分界；南面以喜马拉雅山脉山麓线为界与印度毗邻。

二、墨脱的资源

（一）墨脱有丰富的水能资源

由于墨脱东、北、西三面都是高山，朝南形成了一个“喇叭口”，印度洋暖湿气流北上到墨脱，被喜马拉雅山脉和念青唐古拉山脉阻挡，形成丰沛的降水。项目所在区域以岗日嘎布山脉为界分为南、北峡谷地貌区。北区年平均气温2℃—11℃，冬季降雪；南区年平均气温16.5℃—20℃，冬季气温可达10℃。南区全年雨日在200天以上，年降雨量2000—5000毫米。其中6月、8月降水最强，5月、7月、9月次强；10月、2—4月降水相对较少；11—1月为旱季，降水稀少。K60前后路段，年降雨量达5000毫米。

由于墨脱县降水量充沛，地表切割密度大，水系发育旺盛，不仅中国第三大河流雅鲁藏布江穿境而过，另有其他河流38条，年径流量达1400多亿立方米，大小河流均蕴藏着巨大的水能资源。雅鲁藏布江水能蕴藏量在中国仅次于长江，其大拐弯的水能资源约7000万千瓦，占雅鲁藏布江全部水能蕴藏量的2/3，占中国水能蕴藏量的1/10。

（二）墨脱有“世界动植物博物馆”“世界生物基因库”之美誉

墨脱拥有独特的气候条件，形成了热带、亚热带、温带及寒带并存的典型立体气候带，有“一天经四季、十里不同天”之特色，是世界屋脊的低谷、青藏高原的氧

图 2-1-2 波墨公路 52K 处

吧，境内野生动植物资源极其丰富，有“世界动植物博物馆”“世界生物基因库”之美誉。

墨脱县境内的野生动物物种属于东洋界—西南区—喜马拉雅亚区—墨脱、吉隆小区。低海拔地区温带森林带以下野生动物种类最丰富，大多数为东洋界成分，富有陆地热带色彩的动物，海拔较高处分布有少部分古北界成分，许多是喜马拉雅地区的特有物种。

在墨脱自然保护区内，有孟加拉虎、羚羊、长尾灰叶猴、大犀鸟等 42 种国家重点保护动物，其中孟加拉虎在中国境内是仅有的种群。墨脱境内已记录有野生脊椎动物 457 种，其中野生哺乳类动物有 8 目 21 科 60 属 70 种，野生鸟类动物有 18 目 45 科 161 属 291 种，野生两栖类动物有 2 目 5 科 15 属 34 种，野生爬行类动物有 2 目 8 科 34 属 46 种，野生鱼类动物有 2 目 4 科 14 属 17 种。此外，已记录的墨脱县境内野生昆虫类动物有 2000 种以上。

墨脱县植物种类繁多、植被结构复杂、垂直带谱明显，在 40 千米的水平距离内，从高山寒带植物到热带植物几乎都能生长。原始森林类型众多，有常绿阔叶林、针阔叶混交林、暗针叶林等。

墨脱县境内生长着3000多种高等植物，80多种国家级重点保护珍稀植物。其中，国家Ⅰ级重点保护野生植物3种：玉龙蕨、喜马拉雅红豆杉、长蕊木兰；国家Ⅱ级重点保护野生植物10种：金毛狗、桫椤、毛叶桫椤、白桫椤、油麦吊云杉、金荞麦、长喙厚朴、水青树、千果榄仁树、胡黄连。

（三）墨脱县有独特的文化旅游资源

墨脱县有世界顶级的峡谷景观和雪山景观。境内除了有南迦巴瓦峰和雅鲁藏布大峡谷及雅鲁藏布江“马蹄”形大拐弯等山水景观之外，还分布着众多的湖泊、瀑布。如：嘎隆拉神湖、大拐弯瀑布、“老虎嘴”瀑布、汗密瀑布、地东瀑布、背崩瀑布、拉格瀑布等。

墨脱县有独特的桥梁景观。在钢索吊桥、藤网桥、溜索、独木桥等多种类型的桥梁中，藤网桥和溜索是大峡谷地区最具地方特色的桥梁景观。藤网桥有著名的背崩藤网桥和德兴藤网桥，整座桥没有桥墩，不用一颗铁钉，用特别的白藤条编制成网筒状。

墨脱县的人文景观以寺院为特色。有寺院及经堂40余座，著名的寺院有：仁青崩寺、罗邦寺、德尔贡寺、格林寺、巴尔贡寺、马尔崩寺等。

三、墨脱的古道

通往墨脱的古道主要有四条：一由米林县派镇翻多雄拉至墨脱；二由波密县大兴越金珠拉至墨脱；三由波密县翻索瓦拉至墨脱；四沿帕隆藏布、雅鲁藏布至墨脱。第四条要通过大峡谷，道路更加险要，所以一般人并不会走。

这些古道，是指仅能供行人和马队行走的山路。除马队外，在墨脱古道上背运物资的人称作背夫，他们将土特产背往米林、波密交换茶叶、盐巴及日用必需品。行人趑趄于山峦峻岭、悬崖峭壁、荆棘丛生的羊肠小道之间，还要过溜索或爬独木悬梯，以岩洞歇脚。自带返程食用的粑、生肉等，各自挂在岩洞壁上，别人不会动用，民风淳朴。

比如走“派墨古道”，背夫们从米林县派镇的转运站背上物资，翻越海拔4221米的多雄拉山口，一直沿多雄河下坡，途经拉格、汗密、阿尼桥，到达海拔最低点的雅鲁藏布江边的背崩乡（海拔约800米），此后溯江而上，到达海拔1117米的墨脱县城。全程累计135千米。

不管是行人还是马队，无论走哪条古道，都要翻越4000米以上的雪山隘口，还要面对频发的地震、滑坡、塌方、泥石流和局部强降雨。

第二章 墨脱公路建设史概要

墨脱公路的建设史，可分为六个阶段。

第一阶段，从1961年开始到1974年，历时十几年，完成了对线路的探索，规划勘察出6条线路方案，最终选择从波密县扎木镇翻越嘎隆拉山，经达国桥至墨脱的“扎墨线”方案。其间也进行了一次修建的尝试，但推进极其不顺利，最后只能作罢。

第二阶段，从1975年动工，到1981年停工，历时6年，牺牲34人、重伤近百人。所建路段历经数次灾害，除小部分能勉强使用外，其余路段损毁严重。

第三阶段，从1988年到1994年，又历时6年，在投入大量物力财力的情况下，一条最简易的泥土“毛路”终于修成，第一辆汽车也破天荒地开进墨脱县城，但是由于道路塌方，没能再开出来。

第四阶段，从1995年到1996年，国家投资2000万元，对墨脱公路嘎隆拉山危

图 2-2-1 波墨公路途经80K，现贡日村

险段与弯道进行了加宽改造。但2000年易贡湖决堤，境内大部分简易公路、桥梁，包括原来的骡马驿道、溜索都遭到毁灭性破坏。

第五阶段，从2009年4月20日到2013年10月31日，历时四年多，国家投资9.5亿元，使117千米长的“波墨公路新改建工程”完工，实现了全国“县县通公路”的目标。

第六阶段，2017年11月7日到2020年9月29日，国家再次投资12亿元，使“波墨公路整治改建工程”顺利完工，公路全长113.95千米。本章对前五个阶段的墨脱公路建设历程作简要回顾。

一、“派墨线”及墨脱公路的第一次勘察

对墨脱公路的第一次规划勘察，从1961年开始。1961年10月，西藏军区公路部长苑庆祥、助理员赵玉阶和自治区筹委交通处技术员黄炳焯、潘天锡，考察自米林县派区（今米林县派镇）经越多雄拉、工布拉至墨脱的路线。

多雄拉山北坡台地上有宽达1米以上的裂缝，南坡则更陡峻，俯视如临深渊，半山以下，有古代冰川消融后形成的三级壁龛式围谷，发源于多雄拉南坡的汗密河比降达10%以上。深谷悬崖间有多处瀑布跌水，人马路绝，只得翻工布拉绕行。工布拉南坡冲沟自山顶直泻山脚，雨量充沛，具备了孕育冲沟泥石流的充分条件。预计年降雨量在2400毫米以上。10月31日，考察人员随修筑马行道的官兵撤回派区。这次考察，被记载是对墨脱公路的第一次勘察。

二、墨脱公路“沿江线”的第一次修建

1965年，拉萨市试图打通自地处林芝县的帕隆老虎嘴沿帕隆藏布江、雅鲁藏布江通往墨脱县的道路。当时，墨脱县由拉萨市管辖（自1964年7月到1986年1月，墨脱县归拉萨市管辖），由拉萨市副市长高松任指挥长，朱才任副指挥长，动员民工700余人，在帕隆藏布江上修建了一座长80米、宽3.5米的简易悬索吊桥。

三、胡兴万团队对“崩西线”的勘测

1973年，交通部批准了西藏交通局上报的墨脱公路设计任务书。该路线走向为，米林县派镇崩嘎村—德阳拉山口—墨脱县背崩乡西让村。这条路线是一条墨脱古道

（只能供人行畜走）。

1973 年 9 月，西藏交通厅公路勘察设计研究院派出由副院长胡兴万任队长的一支勘测队前往测量。由于原来未进行踏勘，测了 10 多千米后，感到选线盲目。随后，胡兴万带领 4 名技术员、4 名民工、4 名部队人员，翻越德阳拉山口，跋涉 11 天，视勘至墨脱县西让村。西让村位于墨脱中方实际控制区的南端，再向前就是茂密的原始林区、更巴拉山口。更巴拉山北属于中国的西让村，山南则有印度设立的行政点。

胡兴万一行于 12 月底返回拉萨，即向自治区革委会领导任荣、陈明义做了汇报，陈明义认为：经德阳拉的部分路段靠中印边境实际控制线太近，建议从墨脱县北部相邻的波密县另寻线路。

图 2-2-2 蜿蜒曲折的波墨公路

四、胡兴万团队踏勘的 3 条“波墨线”

1974 年 4 月，交通厅公路勘察设计院副院长胡兴万带队到波密县扎木镇。5 月，循人行背运的古道，从两冰川之间翻越嘎隆拉山，沿嘎隆藏布江，过达国钢绳人行吊桥视勘至墨脱，这就是“扎墨线”。随后，又翻越金珠拉山垭口，于 7 月回到帕隆藏布江上游距扎木镇 10 余千米的达兴村，此线可称为“达墨线”。8 月，再自帕隆藏布江下游距扎木镇 50 千米的索瓦卡村，登上索瓦拉山至垭口折返，该线由古道经共拿、根登至加拉萨，可与沿江线相接，此线可称为“索墨线”。嘎隆拉、金珠拉、索瓦拉都是横亘在波密县与墨脱县之间的高山，同属于念青唐古拉山脉。

经过多次勘察，逐步形成并提出进入墨脱的六条线路方案。

（1）从波密县扎木镇翻越嘎隆拉山，经达国桥至墨脱的“扎墨线”。

（2）从米林县派镇崩嘎村翻越德阳拉，经西让至墨脱的“崩西线”。

（3）从米林县派镇翻越多雄拉山，经汗密至墨脱的“派墨线”。

（4）从林芝县帕隆老虎嘴沿帕隆藏布江、雅鲁藏布江至墨脱的“沿江线”。

（5）从波密县索瓦卡翻越索瓦拉山，经加拉莎，再与沿江线相接的“索墨线”。

（6）从波密县达兴村翻越金珠拉山，经兴凯至墨脱的“达墨线”。

五、墨脱公路“扎墨线”的第一次修建

1975年，经西藏自治区革委会、西藏军区、自治区计经委、拉萨市革委会、自治区交通局多次研究权衡利弊后，选定了以扎木镇为起点，翻越海拔4352米的嘎隆拉垭口，经洛绒登、萨拉库、达国桥到达墨脱县城。这就是“扎墨线”方案。

西藏公路勘察设计院一测队用4年多时间完成墨脱公路“扎墨线”的外业勘测，“扎墨线”全长141.2千米，编制了初步设计方案，概算总投资额3296万元。

1975年7月，墨脱公路修建指挥部成立，党委书记兼指挥长曹成达，副指挥长颜佳义，副书记李兆瑞。参建的单位有西藏交通厅公路工程处第一工程队、青年筑路队两个大队和五十二师工兵营，共2000多人。扎墨公路由此首次修建。

青年筑路队是根据自治区知识青年上山下乡领导小组于1975年3月14日给自治区革命委员会《关于组织青年筑路的请示报告》而组建的。口粮、医疗、劳动保护按有关规定执行，每人追加15元的学习费。实施过程中，筑路队员的工资待遇参照修路民工执行。

青年筑路队于1975年5月开始组建，人数最多时超过3000人，分配到墨脱公路1500余人，组成两个知青大队和200多人配属的第一工程队。另1300余人分别配属二、三、四、五工程队，在青藏、黑昌、安狮公路上施工。

图2-2-3　波墨公路与雅鲁藏布江

墨脱公路青年筑路队，在环境最艰苦、生活条件最差的情形下，涌现出青年猛虎突击队、铁姑娘班、女炮手等先进集体和个人。开工以后，第一工程队首先修建了公路起点的扎木帕隆藏布江大桥。工程队由高成安带领，技术负责人是工程师王学正。第一工程队在墨脱公路修建过程中一直担负着技术难度最大和最艰险的工程，是技术骨干力量。修建扎木大桥

的同时，又在 3K+400 处架起一座中型桥，跨过嘎隆沟口（电站桥）。工兵营和两个青年筑路大队都投入开山修路，公路跨过嘎隆沟后，顺沟西盘旋而上进入原始森林，到嘎隆寺坝于 24K 间有冰川泥石流和雪崩危害，一般可以在整治后维持通车。

过了 24K，原设计的路线是翻越嘎隆拉山垭口，这里曾有人行古道，但是山高、展线坡距短、不通畅。施工时将路线向东移 3 千米多，翻越多热拉山垭口，该垭口比嘎隆拉垭口低 200 米，山体宽阔好布线。设 11 道回头弯上到山垭口 34K+400。这一段阴坡，积雪和雪崩严重，特别是 24K+500 处的雪崩，据中国科学院兰州冰川冻土研究所副研究员谢自楚实地考察，认为其规模之大，不亚于著名的阿尔卑斯山的雪崩。

过垭口四道回头弯，下至半山台地 36K，有大小 5 个湖潭。往下至 45K 反复 11 个回头弯道，有 3 处穿越于湖口瀑布之下，道路几经"水帘洞"，一派险境奇观。再继续往下，连绵不断的曲折转弯，进入了湿热的雨林深谷。

全路穿过 120 千米的无人区，地形复杂，险山恶水，阴雨潮湿。上山的路没有打通之前，山南边一侧施工所需的粮食、器材，全靠人力背运。多热拉山垭口两侧线路上下重叠，背运的道路翻越嘎隆拉，虽传说有人行古道，但实际并无行人踪迹，牲畜也无法通过。背运是非常艰苦的，青年筑路队员，男青年每人背 30 公斤，女青年每人背 15 公斤，来回 30 千米，一天背一趟。

1977 年 9 月，翻越多热拉山的公路开通了，队伍转到山南边一侧施工。上级要求指挥部在大雪封山前，把粮食物资都运过山，储存充足，保证封山后的供应，争取两年修通墨脱公路。不料粮食物资尚未运过去，大雪阻路，施工队伍怕断粮，便从山南边一侧撤了回来。这一撤，要等到次年 8 月才能过山施工，误时一年，引起自治区领导关注。区党委第一书记任荣，为此召见汤化东（时任交通厅厅长）、张如珍（时任交通厅副厅长），要求抓住时机，再动员队伍过山复工，设法解决好过山施工的补给，并指派张如珍去工地坐镇指挥翻山复工。经过艰苦的动员工作，各施工队按领导要求接受任务，背起行囊，跋越雪山继续施工。可是汽车无法由雪路行驶上山。粮食还是只能靠人背运，占劳力太多，影响工程，而且背运翻山实在太难，于是学习东北地区的雪地爬犁运输，试制爬犁，用履带式拖拉机牵引成功，每次可以拉两吨货翻山。张如珍和指挥部的同事们，每天到 4000 多米高的多热拉雪山上指挥运输。

施工队克服种种困难，沿嘎隆河谷一点一点地往前开路。颜佳义（曾任交通厅副厅长，总工程师）身先士卒，置身前沿指挥工程，工程组长陈华民等人都和工人一起摸爬滚打，处理各种特殊的技术问题。到1979年，路通到88K。

墨脱是全国唯一不通公路的县，各级领导对这条路关注备至，自治区交通厅连年都派工作组深入工地蹲点，指导协助工作。1979年7月，文国梁（曾任交通厅副厅长，四川省交通厅援藏干部）和杨宗辉（曾任交通厅总工程师）带领工作组到工地考察，他们经过实地调查和广泛听取意见，深知公路很难修通。回到拉萨汇报后，上级领导认为这是解决全国最后一个县通公路的问题，意义重大，决定继续施工。

1980年5月，汽车通到106K。一个晚上的塌方，大段新路被毁，开过去的汽车、筑路机械和桥梁钢架等都无法撤回，面临废弃。对此，交通厅向自治区人民政府上报了《关于墨脱公路地质不良出现严重问题的情况报告》，提出缩编减少人员，维护已修公路，不再继续向前修的意见。自治区人民政府8月23日批复：原则同意你们的意见，希望周密部署，抓紧搞好调整缩编的各项工作。

1980年9月11日，前线指挥部所在地88K突降大雨。夜间，嘎隆藏布上游两条沟同时暴发大规模泥石流。营地一切设施、指挥部的物资和个人的衣物用品，尽毁于一旦，损失50余万元。指挥部得知灾情，很快将灾员救助回扎木安置。

图2-2-4　波墨公路波密段

经过这场灾难和五六年的修路实践，自治区人民政府副主席侯杰和交通厅副厅长张如珍等，又去墨脱公路调研，决定从实际出发，停建墨脱公路。

根据自治区政府领导的决定，交通厅向交通部上报了停建墨脱公路的报告。交通部 1981 年 2 月批复，同意停建墨脱公路。

自 1961 年就提到议程上的墨脱公路，经过调查踏勘，测量设计，于 1975 年开工修建，施工 6 年，到 1981 年停建。施工中牺牲 34 人，重伤近百人，耗资 2538 万元，占概算数的 66.9%。共完成土石方工程量近 200 万立方米。所做工程除扎木大桥和扎木往前 24 千米公路能使用外，其余大都被毁。

墨脱公路扎墨线的第一次修建，也就是墨脱公路的第二次修建，以失败告终。

图 2-2-5 波墨公路两侧植被茂密

六、墨脱公路“扎墨线”的续建

1984 年，交通部派来的公路规划设计院工程师赵春生、第二公路勘察设计院工程师吴殿康，再次对墨脱公路进行实地考察和路线可行性方案研究。

1988 年夏秋，在林芝地区行署支持下，墨脱县自筹资金 50 万元，成立指挥部，开始恢复由扎木起的 80 千米公路。其中自 K24 至 K47 多热拉山积雪严重，只有 7 月下旬至 9 月底勉强可以行车。墨脱县在 80K 处设置了转运站，用汽车将物资运到 80K 处，再组织人力向前背运。1989 年转运 200 多吨物资到墨脱。

1989 年，西藏自治区政府决定拨款 143 万元，批准续建墨脱公路。

1990 年，交通部决定拨款 900 万元，续建工程于 6 月 9 日开工，自 80K 处向前延伸施工。林芝行署加强了工程指挥部人员力量，派两名副专员担任正副指挥长。自治区交通厅派工程技术人员，厅党委书记尕藏贡布、副厅长颜佳义、总工程师林道勋等随后带领工作组前往察看。

1993 年 3 月，自治区交通工作会议确定：“1993 年打通墨脱公路。”1993 年 7 月 2 日，自治区召开了墨脱公路专题会议。会议认为“五年来墨脱公路修建取得了一定的成绩，但全线初通还存在许多问题”。会议确定“打通墨脱公路分两步走：第一步，8月前通到K80，并将施工器材和生产、生活物资储存到K80。第二步，从K80初通到墨脱县，争取本年10月多热拉封山前，实现初通”。指挥部将工程发包给包工队承包施工。受K89的泥石流、K102至K103的山洪水毁、K128的山体滑坡破坏，几乎每年都要反复抢修三四次。

自1988年至1993年的5年施工中，合计完成路基土石方81.7万立方米，护坡及挡土墙0.97万立方米，木笼填石保坎1.46万立方米，水毁抢修22.4万立方米，共计完成土石方106.53万立方米；架设涵洞及小木桥28座；建成双排单层两跨共长50米的达国贝雷钢架桥和三排单层一跨45米的西姆龙贝雷钢架桥，把已具雏形接近初通的公路便道修到了墨脱县城，牺牲11人。

1993年12月28日，自治区财政厅向财政部上报《关于申请扎墨公路整治改善和养护所需经费的报告》，称1988年县政府自筹50万元，恢复了扎木至K80路段。1989年自治区人民政府批准续建墨脱公路，拨款413万元。1990年以后交通部投资900万元，共投资1363万元。

1994年2月1日，在扎木举行了墨脱公路初通庆祝大会。自治区领导及有关厅局的代表，林芝地区波密县代表及当地群众共2000多人参加大会。交通厅副厅长颜佳义在大会上宣读交通部发来的贺电。与此同时，在墨脱县政府大院，当地党政军领导

图2-2-6　波墨公路临江而建

及群众 1000 多人也集会庆祝。新闻媒体报道了墨脱公路初通的消息，汽车第一次开进这个全国唯一不通公路的墨脱县城。

1995 年 6 月 8 日，自治区政府副主席杨松召集有关单位的负责人开会，就墨脱公路的整治与养护问题进行了专题研究。由交通厅、林芝行署作科学论证，周密安排，确保投资效益。

1995 年 10 月，墨脱公路指挥部，带领山南公路工程公司、林芝公路工程公司 230 名施工人员，进驻多热拉山南侧 68K。经过 200 多天的艰苦努力，整修恢复了 K62—K89 的 27 千米路段。

1995 至 1996 年，自治区人民政府拨款 2000 万元，修整墨脱公路损毁段。2000 年，易贡湖溃决，墨脱境内大部分简易公路、桥梁、骡马驿道、溜索遭到毁灭性破坏。自治区交通厅随后每年拨专款对扎木至墨脱公路进行整修、保通，但仅可实现分季节、分段通行小型农用车。

七、吴殿康首次提出开凿隧道

早年参加过康藏公路测设和施工的中交二公院工程师吴殿康，自 1984 年对墨脱公路考察后，继续搜集资料进行研究，到 1995 年冬，年届 75 岁高龄的吴殿康撰写《墨脱公路方案研究（初稿）》。《初稿》指出：沿江方案因滑坡、崩塌、泥石流、水毁等病害集中且规模大。据南迦巴瓦峰登山科学考察队资料记载：1950 年察隅大地震后不久，雅鲁藏布江大峡谷内的 13 条沟谷齐发泥石流，对原来的地形地貌破坏很大。至今，峡谷还在受着这种新的地质构造运动的改造，山崩地裂经常发生。无论是东岸、西岸，不管高线、低线及左右岸综合线，不花大力气和大规模的投资，公路修不通也维护不了。除沿江线外，其余 5 条线路都有高山雪阻，采用越岭线不可能保证全年通车，只有开凿隧道，才能事半功倍。并提出：德阳拉西 3 千米山脊两侧海拔 3600 米处，可按轴向南偏东 20 度凿隧道，长 2.6 千米。遂拉垭口两侧 3600 米处，可按南偏西 45 度凿隧道，长 3 千米。多雄拉、金珠拉垭口两线要在海拔 3600 米高度上凿隧道，长度均在六七千米以上。除德阳拉方案可在墨脱县经济发展后作第二条公路考虑外，其余方案还有其他难以解决的问题，均不宜采用。

吴殿康的《初稿》中指出：扎木至墨脱原公路方案，大方向是正确的，部分线位设计有些失误。虽可在原路 27 千米处按南偏东 10 度开凿 2.6 千米的隧道，以避开多热拉的积雪，但前后洞口的雪崩危害仍不能避免，治理困难。多热拉南，自洒拉库至

图 2-2-7　嘎隆拉隧道北口

达国桥，原路长达 40 千米，临时路段线位过低；纵坡设计有的过陡，高达 13%，有的过缓，甚至出现反坡，增加了里程；若干回头弯道半径仅 5—6 米。这种状况可能是由于赶工所造成，放弃并不可惜。

吴殿康提出推荐方案是：自扎木经岗乡进错卡弄巴沟，在海拔 3500 米处，按轴向南偏东 10 度凿隧道 2.5 千米，以 2.5% 的坡度下坡，在原公路 36 千米附近湖塘间出洞，提高原测设线位，至达国人行桥下游的绝壁顶部、海拔 870 米、距河面 50 米处，建 1 孔 50 米的高桥跨过金珠曲，沿东岸选择有利地形下行至墨脱县城。并在五万分之一的航空测量地形图上，逐段定出了走向、控制点及纵坡，概估了工程数量及投资额。推荐方案线路全长 115 千米，比原自扎木翻多热拉至墨脱县城长 141.1 千米的测设线路，可减少 26 千米左右。平均纵坡 5%—5.3%，能修成标准的三级公路。这一方案“在效用和投资上都是经济合理的。修建 2.5 千米的隧道，可以少修建 20 多千米的路，投资费用相差不多。如再以缩短行车里程、达到全年通车，减少维修费用，且景观良好、方便舒适，其经济效益、社会效益、环境效益就更为可观了”。

八、墨脱公路新改建工程的竣工

2009年4月20日，西藏波密扎木至墨脱县城公路（墨脱公路）新改建工程正式开工，时任交通运输部党组副书记、副部长翁孟勇，西藏自治区党委常委、常务副主席白玛赤林出席开工典礼并讲话。翁孟勇指出，在庆祝西藏民主改革50周年、喜迎新中国成立60周年之际，墨脱公路新改建工程开工不仅对墨脱人民改变出行和生活方式、脱贫致富具有重大促进作用，同时对于完善国家公路网、促进区域经济发展和社会进步、增进民族团结具有十分重要的意义。翁孟勇代表交通运输部和李盛霖部长向参与墨脱公路新改建工程的全体建设者表示亲切慰问。翁孟勇强调，墨脱公路沿线地形、地质、气象复杂，尤其是全长3300多米的嘎隆拉隧道地质构造、水文等建设条件极其复杂。同时，墨脱公路沿线是原始森林，林业资源、水利资源、动植物资源十分丰富和宝贵。各参建单位要按照科学发展观要求，始终把工程质量和安全放在重要位置，始终把对生态环境的保护放在重要位置，把墨脱公路建成一条工程质量优异、生态环境良好的富民路、生态路，造福墨脱人民，造福西藏人民，向党和人民交一份满意答卷。

图 2-2-8　波墨公路工作检查站

白玛赤林指出，墨脱公路新改建工程建设规模大、任务重，自治区交通部门要进一步增强使命感和紧迫感，牢固树立政治意识、大局意识、责任意识，站在加快建设“小康西藏、平安西藏、和谐西藏、生态西藏”的高度，加强领导，认真组织，精心施工，确保工程质量和进度，在恶劣的自然条件下，努力把墨脱公路建设成为一条基本能保障畅通的运输通道。他还要求林芝地区及沿线各级政府大力支持、积极配合交通部门，为公路建设做好服务；加强宣传工作，教育引导群众以主人翁的姿态，支持和关心公路建设，为工程建设创造良好的外部环境。

墨脱公路新改建工程起于波密县扎木镇318国道（川藏公路）与老扎墨公路的交会点，终于墨脱县城莲花广场，全长117千米。其中嘎隆拉雪山实施3315米隧道新建方案，与原翻山路段相比可缩短里程约24千米，且可有效避免雪崩等灾害对交通的影响，其余路段尽量在原墨脱简易道路的基础上整治改建。工程总投资为9.5亿元，由国家全额投资，建设工期为36个月。

2013年10月31日，墨脱公路正式通车，这标志着墨脱正式结束了作为“全国唯一不通公路县”的历史，摘掉了“高原孤岛”的帽子，世代墨脱人期盼的“快捷平安走出大山”终于圆梦。

第三篇 勘察设计篇

概 述

在中国公路的勘察设计史上，没有一条公路，像墨脱公路这样复杂、这样艰难、这样凶险、这样漫长；也从来没有一条公路，像墨脱公路这样凝聚着几代人的心血和汗水；他们在这片美丽而神秘的高山深谷丛林之中，面对洪水、雪崩、塌方、地震、泥石流，蚂蟥、毒蛇、野兽，克服难以想象的困难向着希望挺进，他们希望走过的地方，能变成一条通途。

最早的勘察是1961年西藏军区的勘察，没有结论。有效的勘测始于1970年西藏自治区胡兴万团队，他们初步规划了墨脱公路6条可能的线路，最后选择了“扎墨线”，即现波墨公路的前身，并实施了扎墨线的第一次修建，仍然失败。1982年，交通部第二公路勘察设计研究院首次派员参加墨脱公路的工程可行性研究工作，从此，中交二公院（即交通部二公院，1999年更名）的勘设团队几十年如一日，一直没有放弃对墨脱公路的探索、研究。上期“新改建工程”和本期“整治改建工程”的勘测设计，皆由中交二公院的勘设团队承担。

本篇仅对本期波墨公路整治改建工程的勘测设计进行记述。

第一章 勘察设计概况

由于上期波墨公路新改建工程设计的成功和工程技术的需要，本期波墨公路整治改建工程的勘测设计任务，仍然委托中交第二公路勘察设计研究院有限公司担负。

一、任务来源及依据

（1）波墨公路整治改建工程项目勘察设计中标通知书。

（2）中交第二公路勘察设计研究院有限公司《国道559线波密至墨脱段公路整治改造工程可行性研究报告》。

（3）中华人民共和国《工程建设标准强制性条文·公路工程部分》。

（4）交通部有关技术标准、规范、规程等。

（5）西藏自治区交通运输厅《西藏地区公路建设主要技术政策》。

图 3-1-1 墨脱县城

（6）西藏自治区交通运输厅《西藏自治区国省干线和农村公路安全防护设施标示设置指南》。

（7）西藏自治区交通运输厅其他有关技术规定及有关会议纪要、规定。

二、勘察设计项目部

波墨公路整治改建项目的工程可行性研究工作初步结束后，对项目的进一步深入研究并未就此停止，中交二公院立即转入该项目的施工设计研究中，组建勘察设计项目部，并于2014年3月上旬起开始筹备测设前的准备工作，包括工可报告的方案研究、初步设计方案的研究、外业踏勘、投入设备的检验校核、总工办的事先指导、勘察设计工作大纲、详测暂行规定等大量内业工作。

勘察设计项目部全体人员于2014年3月10日进场，结合该项目的现状特点和本期改造的重点内容（灾害点的治理），根据工作计划以及工地例会的会议精神，项目部于3月18日全面开展放线、桥涵、路基路面、工程地质、路线交叉、筑路材料以及工程经济等方面的调查与测量工作。

由于受到项目区域特殊的水文、气候（雨季）条件的制约，2014年9月，项目部开展了地质钻探工作。路线方案的研究工作随着野外勘测工作的深入不断优化，对灾害点的治理方案的“调整与优化”贯穿于整个详测全过程。

项目组于7月18日完成详测外业踏勘工作及调查工作，随后展开了施工图设计的内业设计工作。

2014年7月19日至7月22日，对波墨公路现状进行调查，并对重要工点的处治方案提出指导意见。

2014年9月10日至11月10日，地勘专业人员对波墨公路采用工程地质调绘、试验、工程物探、钻探、井探、岩土原位测试、室内岩土水样试验分析和统计计算等方法和手段，获取满足该项目所需的综合地质资料。

由于项目区特殊的地形、地质、水文条件，为确保设计成果与项目现场一致性，项目组于2016年7月20日再次进场，截至8月26日完成对道路现状的详细调查，根据调查结果对已完成的设计成果进行修正。

2016年8月28日至年8月30日，组织专家对补充外业进行验收，同时根据灾害点现状实际情况，结合地勘资料，提出指导意见。

勘察设计项目部于2016年11月1日完成施工图设计工作，并进行内部送审，专家对该项目的施工图设计文件外业情况进行了内部审查。项目组对施工图设计进行补充完善。

2017 年 2 月 21 日，西藏自治区交通运输厅组织专家对该项目的施工图进行评审，项目组对施工图设计进行补充完善，形成施工图设计文件。

三、沿线自然地理概况

墨脱县地处青藏高原喜马拉雅山脉的东南坡、岗日嘎布山脉的南面，山势陡峻，属深切割高山峡谷地貌，境内群山重叠，沟谷纵横；雅江自北向南贯穿全境，将全县分为东、西两大部分。境内最高海拔 6648 米，最低海拔 665 米（解放大桥雅鲁藏布江水面高程），山顶至河谷相对高差一般在 2000 米以上。现沿线路主要为河谷堆积地貌、冰川地貌、高山峡谷地貌和中—高山峡谷地貌。

藏东南地区地理位置特殊，地质构造十分复杂，地跨岗日嘎布晚古生代褶皱区、冈底斯燕山—喜马拉雅期花岗岩区和雅江大拐弯中生代复杂构造带。基岩组成包括种类繁多的中—深变质岩、构造变质混合岩及花岗岩岩系。

工程区地处雅鲁藏布江大峡谷区域，该区域为印度板块与欧亚板块碰撞带构造缝合线，大峡谷西侧的南峰地区即为印度板块俯冲突入欧亚板块的楔进体。墨脱所处位置属欧亚板块前锋地带，位于冈底斯—念青唐古拉板片构造单元东南段的西侧，是板块构造运动强烈影响的地域。

据地震烈度划分，墨脱县处于Ⅸ—Ⅺ度区，地震灾害不容忽视，并且随地震的发

图 3-1-2　雪后的波墨公路检查站

生而伴随的地质灾害亦对墨脱县威胁较大。

四、主要技术指标的运用情况

根据工可报告，依据交通运输部颁《公路工程技术标准》（JTG B01—2014）和西藏自治区交通运输厅《西藏地区公路建设主要技术政策》的有关规定，在充分研究该项目沿线的地形、地质条件、工程难度和工程代价等因素的基础之上，推荐整治改造维持原波墨公路新改建工程的标准，即除起点异地新建扎木大桥段和嘎隆拉隧道段按三级公路标准建设外，其余路段按山岭重丘区四级公路标准进行建设，困难地段适当降低技术指标。

第二章　设计要点

一、路线设计原则

波墨公路整治改建工程路线平面设计以利用现有道路为主，尽量利用现有道路的建设成果，减少废弃工程，节约成本；有条件段落进行局部改善，纵断面设计以路面结构厚度为控制设计高程，结合老路纵坡现状，有条件路段尽量改善，不过度追求指标。避免造成大填大挖，从而诱发新的地质灾害。

二、路基路面及防护工程设计

（一）路基标准横断面

（1）本期整治改造，以利用现有道路为主，因此路基宽度除起点新建段采用 19.5 米外，主要与上阶段的相同，采用 4.5 米、6.5 米、7.5 米三种断面形式。

本期项目大部分路段受到地形、地质条件的限制，采用 4.5 米的路基宽度，同时对上阶段 8 段宽度不足 4.5 米悬崖峭壁狭窄路段进行拓宽，使其宽度不小于 4.5 米。全线 4.5 米宽路基长 62.425 千米，占全线比例的 55.26%。

一般路基宽 4.5 米，其路幅构成为：2×0.5 米（土路肩）+1×3.5 米（行车道）= 4.5 米。

（2）本期整治改建，结合沿线村庄的发展情况，在原有波密、米日村路段路基宽度为 6.5 米的基础上，新增对 52K 检查站至达尔曲段（不含 K39+400—K39+600、K40+120—K40+560）采用 6.5 米路基宽度，新增段落长 19.2 千米。采用 6.5 米宽路基段落全长 42.44 千米，占全线比例的 37.57%。

6.5 米宽路基路幅构成为：2×0.25 米（土路肩）+2×3.0 米（行车道）=6.5 米。

（3）在上期建设过程中，对嘎隆拉隧道和部分过村镇路段采用 7.5 米的路基宽度，7.5 米路基宽度全长 7.345 千米，占全线比例的 6.5%。

7.5 米宽路基路幅构成为，其路幅构成为：2×0.5 米（土路肩）+2×3.25 米（行车道）=7.5 米。

（4）本期整治改造，结合波密县城段混合交通的特点及新修扎大桥规模，对起点新线路段采用19.5米的路基宽度，全线19.5米路基宽度全长0.76千米，占全线比例的0.67%。

19.5米宽路基路幅构成为：2×2.25米（人行道）+2×7.5米（行车道）=19.5米。

全线对单车道路段考虑设置错车道，采用单侧或双侧加宽，设置间距为每200—300米一处，每处错车道有效长度不小于20米，设错车道处路基宽度6.5米。

超高加宽方案：2K—24K，设计时速20千米/小时，最大超高6%；起点扎木大桥新建段及隧道部分设计时速30千米/小时，最大超高6%；52K至终点设计时速20千米/小时，最大超高6%。加宽原则上按照规范取值。

（二）一般路基的设计

1. 填方路基设计

（1）填方路基优先选用级配较好的砾类土、砂类土等粗粒土作为填料，填料最大粒径小于150毫米；浸水路堤选用渗水性良好的材料填筑。

（2）根据填料种类、边坡高度和基底工程地质条件合理确定边坡坡度及边坡分级高度。

（3）基底处理：

a. 路基填筑前，清除原地表植被和耕植土，厚度一般按20—30厘米计，之后进行路基填前碾压，其压实度≥85%。计列清除地表耕植土换填所增加的土方数量和填前碾压下沉所增加的填方数量，清除的地表耕植土分段集中堆放，以备植草绿化或复耕之用。

b. 地面横坡陡于1∶5时，原地面挖台阶，台阶宽度不小于1米。当基岩面上的覆盖层较薄时，先清除覆盖层再挖台阶。

c. 地面横坡陡于1∶2.5地段的陡坡路堤，采取措施保证路基的稳定。

d. 当边坡水或地下水影响路堤稳定时，采取措施拦截引排地下水或在路堤底部填筑渗水性好的材料保证路基的稳定。

e. 填方边坡坡脚一般不设置护坡道。

桥头路基的压实度均为96%，为减少桥头跳车影响，必须先做好桥头路基地基的处理，先清除表土，在桥台施工前完成桥头地基并进行压实处理，压实度不低于92%。然后对桥头台背填料采用水稳定性好的天然砂砾填筑。

2. 挖方路基设计

（1）路堑边坡形式及坡率根据工程地质与水文地质条件、边坡高度、施工方法、排水措施，结合自然稳定边坡和人工边坡的调查综合确定。必要时进行稳定性验算。

（2）路堑边坡坡率的选择在结合地层岩性、满足安全稳定的前提下，灵活自然、因地制宜、顺势而为，避免人为增加地质灾害的发生。为减少占地，减少对环境的破坏，减少地质灾害的发生，路堑边坡避免深挖方，一般不设置台阶式挖方边坡，采用一坡到顶的形式，上部逐渐过渡形成抛物线形以很好地融入周围自然。

图 3-2-1 波墨公路中的蚂蝗路段

（3）对其上部覆土可能出现的溜坍、滑坡采取相应的支挡工程措施，边开挖边支护。

（4）硬质岩石挖方路段，邻近坡面部位采用光面爆破施工技术，必须放小炮（严禁放大炮）或人工挖凿，以减小对自然山体的破坏，利于边坡稳定。

（5）临近较大借方地段的挖方边坡，特别是灾害治理时，可适当放缓边坡，增加挖方数量，达到填挖平衡。但原则上尽量少扰动上边坡，宁填勿挖。

（6）挖方边坡除特殊要求外均不设置碎落台。

3. 高填深挖路段

本期项目为改建项目，主要利用老路路基，无高填深挖路基。

4. 低填浅挖路段

本期项目为改建项目，主要是利用老路砂石路面作为路床，上面铺设垫层及路面结构，由于在改造工程中原老路路面在通行车辆及施工车辆的碾压下，容易损坏，故低填浅挖主要为处理损坏的老路，一般处理 30 厘米厚，基本为上路床厚度，在老路路面好的情况下，采取翻松碾压的措施，增强路床强度，在老路路面破坏路基翻浆的情况下，进行换填处理。处理后路床压实度均不得小于规范要求。

5. 陡坡路堤及填挖交界处理

该项目为改建项目，基本利用老路路基，少部分加宽，主要是路基外侧设挡墙。填挖交界及陡坡处理相对较少。一般采用开挖不小于 2 米宽的台阶，台阶底向内倾斜 2.0%—4.0% 的横坡后分层填筑；高差大于 5 米的采用高性能震动压路机（≥ 25 吨）碾压使其密实。当工作面过窄无法满足压路机进行压实作业时，为确保新旧路基衔接

图 3-2-2　波墨公路旁泥石流留下的印迹

良好，整体稳定，超挖加大作业面，以满足压路机进行压实作业。

6. 过水路面路基

经过认真详细的调查，沿线泥石流、雪崩比较发育，许多路段避让和治理均比较困难，本期整治改造对上阶段采用过水路面的路段依旧采用过水路面，结合涵洞排常流水，改善行车舒适性。

（三）卡脖子路段治理

1. 影响道路通行的“卡脖子”路段现状

随着波墨公路嘎隆拉隧道的贯通，从根本上克服了大雪封山的制约，嘎隆拉雪山段（北段）由原来每年不足 3 个月的通车时间已提高到 9—10 个月；雨季期间墨脱境内（南段）道路通行时间得到了有效延长，在不发生特大地质灾害的前提下（大型泥石流、崩塌、滑坡），道路断通时间也大大缩短，原来墨脱境内不足 5 个月的通车时间已提高到近 10 个月。项目区气候、气象条件特殊，雨量极其充沛，路线经过段地质灾害众多，泥石流、崩塌、水毁比较发育。地质灾害频发，老路路基经常被毁，交通时常被中断。

2.“卡脖子路段”——雪害的治理

现有道路分布有 6 处雪害，分别是 K8+920—K9+000（8K）、K14+000—K14+800（14K），K15+300—K18+080（16K）、K23+540—K23+680（嘎隆拉隧道入口）、K27+060—K27+400（嘎隆拉隧道出口）、K31+880—K32+000。分别采取保通、设置防雪棚洞、设置拦雪墙等措施治理雪害。

3.“卡脖子路段”——泥石流的治理

公路走廊带内，以稀性泥石流为主，共发育有 75 处，主要有沟谷型的冰川泥石流、暴雨型泥石流、冰川暴雨混合型泥石流三种类型及其他坡面型的小型泥石流。根据资料统计，泥石流病害是造成断通的最主要的病害。沿线主要采取局部改线绕避、设置桥梁、桥梁加大跨径等措施治理泥石流。

4.“卡脖子路段”——滑坡的治理

经调查，公路沿线共发育滑坡 12 处，规模以中小型为主，类型以浅层土质滑坡为主，滑动方向基本垂直于公路或地形等高线。滑坡物质组成基本以碎块石为主，部分为砂、砾松散体，滑体厚度一般小于 10.00 米。大部分滑坡在天然工况下处于基本稳定—稳定状态，根据 2015—2016 年断通资料统计，属于“卡脖子”滑坡路段为 2 处，分别为 K89+853—K89+942 冷多 1 号滑坡和 K102+510—K102+578 玛迪 2 号滑坡，其特点是高频率，规模一般。其他滑坡状态较为稳定。冷多 1 号滑坡后缘演化与原设计地形地貌有较大变化，原设计方案难以实施，暂实施保通方案；玛迪 2 号滑坡坡面植被恢复良好，坡体基本稳固，原设计坡面锚杆框格梁调整取消，以免对坡体造成扰动破坏。

（四）一般地质灾害治理

1. 滑坡

滑坡灾害主要分布于边坡高陡、岩石破碎松散的峡谷地段。路线主要沿河沟展线，地面横坡较陡，基岩出露少，沿线主要为厚 10—50 米的崩坡积碎块石土层边坡，雨水侵蚀极强，易形成滑坡。这些路段沟谷狭窄，河床纵坡较大，水流湍急，山坡坡脚侧蚀严重，且受地震、构造断裂活动影响，极易造成山崩、滑坡，很难稳定，特征主要为坡面崩塌与泥石流，且发育地点具有不确定性，上部的松散物质受雨水、重力作用逐年垮塌，呈现出发展和扩大的趋势。但基本上不会产生滑移，一般为表层崩塌。勘察发现有规模不等的滑坡 12 处。

滑坡的处治：该项目滑坡在天然状态下基本稳定，大多是极限状态下欠稳定，根据潜在滑动面的位置及坡体的稳定程度，对浅表层不稳定、处于滑动状态的，采用锚杆或锚索格梁防护，增加坡体的稳定性。对坡面已植被恢复的滑坡采用设置抗滑挡墙或钢轨桩的防护措施。

2. 崩塌

受降雨及崩坡积松散层厚的影响，该区崩塌体异常发育，区内分布着规模不等的崩塌共有 8 处。且受地震、构造断裂活动影响，极易造成山崩。而且很难稳定，且发育地点具有不确定性，上部的松散物质受雨水、重力作用逐年垮塌，呈现出发展和扩大的趋势。

崩塌的处治措施：本期项目崩塌，对路线影响轻微，采用坡脚设置挡墙，并清理边坡的措施，对较高陡的设锚杆格梁防护；对岩质边坡，采用清理坡面危石后设主动防护网的措施。

3. 不稳定边（斜）坡

受上阶段路基施工开挖边坡、降雨及崩坡积松散层厚的影响，该区不稳定边（斜）坡异常发育，区内分布着规模不等的不稳定边（斜）坡共有111处。且受地震、构造断裂活动影响，极易造成山崩。而且很难稳定，且发育地点具有不确定性，上部的松散物质受雨水、重力作用逐年垮塌，呈现出发展和扩大的趋势。

不稳定边（斜）坡的处治措施：对路线影响轻微的，采用坡脚设置挡墙，并清理边坡的措施，对土质较好的边坡采用实体护面墙或格构护坡，并设深层排水，土质松散或较高陡时设锚杆格梁防护，并在框架内干砌片石满铺；对路线影响较大的，坡脚设置挡墙并清理边坡卸载，边坡采用锚杆格梁防护，并在框架内干砌片石满铺。坡面植被恢复较好、基本稳定的，维持现状，避免扰动。

4. 悬崖峭壁路段拓宽

既有波墨公路存在8处路基宽度不足4.5米的悬崖峭壁路段，严重影响道路的通行能力，本期整治改造，对这些路段进行拓宽处理。

典型悬崖峭壁路段

K78+930—K79+130段，此段拓宽路段总长200米，现有路段路面宽度约为2.8—5.0米，道路左侧已修筑路肩墙，墙下为陡坡，道路右侧为岩质陡崖。

K78+930—K78+995段，此段拓宽路段总长65米，场区斜坡坡度一般为70—87度，整体坡度较陡，岩层无产状，以花岗岩为主，大面积基岩出露，强风化岩体较破碎，裂隙发育，地质构造复杂，附近断层通过，地震活动强烈，从现状看，场区大部分地段岩质边坡较稳定，总体稳定性较好。

图3-2-3　墨脱县城

K78+995—K79+130段，此段拓宽路段总长135米，场区斜坡坡度一般为67—70度，整体坡度相对较缓，岩层无产状，以花岗岩为主，大面积基岩出露，强风化岩体较破碎，裂隙发育，地质构造复杂，附近断层通过，地震活动强烈，从现状看，场区大部分地段岩质边坡较稳定，总体稳定性较好。

5. 处治措施（拓宽路基）

因地制宜，根据现场实际情况采用不同拓宽方案：

（1）一般路段对坡面先行预加固，即在开挖边坡道路净空以上岩体进行锚杆加固，之后采用光面、预裂弱爆破技术挖除道路净空范围岩石，并设锚喷防护，使路基宽度不小于 4.5 米。

（2）坡体陡峭，岩层产状不利、裂隙发育的岩质边坡，若继续掏挖扩宽，所形成的临空或悬空面对坡面的稳定性极为不利，采用设置挡墙，向外侧加宽路基，使路基宽度不小于 4.5 米，如：K53+580—K53+650 段。

悬崖峭壁路段拓宽保通方案：受限于特殊的地质、地形条件，另外开辟施工便道是极不现实的，将现有波墨公路作为施工便道是必然的选择。开工后原有波墨公路中断交通不可避免，原有波墨公路的交通组织异常困难。

为保证施工物资运输及墨脱县内物资转运的需要，尽可能缩短交通中断时间，将不利影响降至最低程度，施工前做出详尽的施工组织方案，施工时采用交通管制等多种方法。具体而言主要有如下一些措施：合理安排施工时段，尽量安排在嘎隆拉隧道封山的季节或车流量较小的季节，施工时，原老路进行保通，由专人进行指挥交通；结合交通流量的分布情况，在交通流量比较大的季节（5—7 月），结合全线进行单边交通管制，保证道路畅通；加强与当地政府及交通主管部门的协调，对需要长时间中断交通进行施工的路段，辅以骡马驮运或人力背运等转运的运输方式，尽量减少对墨脱县正常的生产、生活影响。

6. 排水工程

主要设计要点：

（1）对雨量充沛的路段采用加大边沟尺寸。

（2）对石料丰富的路段采用浆砌片石边沟，降低工程造价。

（3）对积雪路段采用 C20 混凝土边沟，提高边沟耐久性。

（4）对过村镇路段或地形狭窄路段采用盖板边沟，提高通行能力。

全线考虑集中排水与分散排水相结合，而且排水设计与路面设计统筹考虑。排水设计一般依地形特点，根据不同的情况采用边沟、急流槽、渗沟等多种排水措施，将水排出路基外，以保证路基稳定。

本期项目为整治改建项目，主要是在考虑充分利用已有排水设施及其成功经验的前提下进行补充完善。对集中排水的排水口加强防护，防止掏空路基，同时加强对裸露坡面的截排水设计，防止坡面溜塌等病害衍生扩大，促进坡面稳定。设计时路线布设尽量拟合现有道路，由于波墨公路沿线水文、地质情况复杂，地形陡峭，在现有道

图 3-2-4　波墨公路鸟瞰

路走向随弯就弯，依旧存在部分路段难以完全拟合的情况，不可避免对现有防护排水设施的影响。因此存在横断面设计中出现已有防护排水设施需要拆除重建的问题。故对于因平纵面线形改善、弯道半径加大、纵断面调整或路基扩宽导致现有排水设施无法利用需要拆除的，从总体上综合考虑，尽量加高或加固利用，减少拆除数量，降低工程造价。

边沟主要采用 50 厘米 ×50 厘米尺寸，对雨量充沛的路段采用加大边沟尺寸，边沟的沟型结合挡墙一起设置，过村影响通行的边沟采用盖板式。材料选择在石料丰富的路段采用浆砌片石边沟，降低工程造价；对积雪路段采用 C20 混凝土边沟，提高边沟耐久性。

7. 路面设计

本期项目位于西藏自治区东南部，属Ⅶ 5 区（川藏高山峡谷区），根据预测交通量和《西藏地区公路建设主要技术政策》要求，结合项目的特点，项目分段采用不同的路面结构。

路面结构是根据公路等级对路面强度的要求，结合沿线气象、水文、地质及材料等的实际情况拟定的，同时充分考虑路面的适用性，本着经济、实用、有利于环境保护等多项综合性指标进行设计。

本期项目路线跨越的气候、水文、地质环境相差较大，决定路面结构的主要因素不是交通量，而是该区复杂的地形及地质环境因素，不同区段考虑采用不同的路面结构方案。对于地形条件允许的路段路面硬化工程尽量向外移，加强动态设计。

由于起点至隧道出口路面在上阶段已建设完成，状况良好，本期改建利用仅局部修复。从路面施工难度、水稳性、保通要求、使用寿命、沥青路面后期养护维修方便等，提出本期整治改建路面结构方案：①一般路段采用沥青混凝土路面；②对隧道口连接段、穿村镇、积雪及过水路段，一般采用水泥混凝土路面。

本期整治改建全线路面结构一般采用具有良好的密水性，对炎热气候、多雨潮湿及路线平纵线性不良适应性强，抗车辙变形能力、黏附性及低温抗裂等性能好的 SBS 改性沥青混凝土面层，同时便于施工保通要求和后期养护。基层采用水泥稳定砂砾，水泥稳定砂砾是公路建设中常用的一种半刚性基层，其强度和抗压回弹模量都较高、水稳性好；该类结构有成熟的施工技术；结合本地砂砾材料丰富的特点，便于就地取材，机械化施工。天然砂砾垫层能起到良好的排水、防冻作用，且沿线均有分布，便于就地取材，施工方便。路面具体结构如下：

沥青混凝土路面结构为：5 厘米细粒式 SBS 改性沥青混凝土 +20 厘米水泥稳定砂砾 +20 厘米天然砂砾。部分路段加铺一层 5 厘米细粒式 SBS 改性沥青混凝土。

水泥混凝土路面结构为：24 厘米水泥混凝土 +20 厘米水泥稳定砂砾，部分变更为 25 厘米水泥混凝土 +20 厘米水泥稳定砂砾。

图 3-2-5　整治改建前的波墨公路

三、桥梁、涵洞设计

（1）根据桥位地形、地质、水文、河床特征、路线平纵面要求，遵循技术可行、经济合理、就地取材、运输方便的原则，同时注重景观和环保。

（2）桥梁方案选择时，充分考虑此项目特殊的施工、运输条件，避免设计与施工脱节。

（3）针对此项目地震烈度高、泥石流异常发育且破坏性大的特点，桥梁结构应力求抗震性能好，损毁后易于抢修。

（4）上部构造力求标准化、装配化，尽量缩短工期。

（5）针对河床比降大、水流湍急并可能伴发泥石流、谷岸下切严重的特点，桥梁尽量不压缩河道、单孔跨越沟谷，避免在河槽中设墩。

桥梁方案设置原则：

1. 起点至达尔曲回头曲线（K53+000）段

本段范围地质情况较为稳定，桥位处无大型泥石流冲沟，本段原有桥梁全部为钢桁架桥，钢桁架桥虽然有施工方便、施工时间短等优点，但也存在结构易锈蚀，养护困难，并且大部分钢桁架桥为临时便桥性质，使用时需要频繁更换上部结构，影响交通。考虑到后期养护方便及长远交通发展，该段范围内桥梁全部采用钢筋混凝永久性桥梁。

部分桥位处路线平面线型较差，采用异地新建或裁弯取直方案设桥，以改善路线线型及行车舒适度，原有桥梁可用来保通。部分小桥规模较小，本期改造采用拆除重建。

2. 达尔曲回头曲线（K53+000）至终点段

此段范围地质情况不稳定，大部分桥位于泥石流冲沟处，且泥石流爆发频繁，结合钢桁架桥施工方便、施工周期短等优点，此段基本采用刚桁架桥。部分桥梁跨越泥石流冲沟，且桥位处线型较差，本期改造工程采用新建或异地新建，异地新建后原有桥梁可用来保通；部分刚桁架桥现状较好，无明显病害，本期改造工程采用完全利用。

3. 达国大桥和西莫河大桥整治加固

主桥整治工程的总体思路为：首先对桥塔及其基础进行加固设计，加固后桥塔塔顶设计标高高于原有塔柱，在新塔顶设置新的索鞍；为适应新缆锚固的需要，对原有锚碇进行加大、加高处理，重新安装锚固系统和散索装置。在新建的桥塔和锚碇上重新安装缆索、索夹和缆套等装置；缆索系统安装完成后，逐根将原有吊索安装至新缆索系统，完成桥梁的整治。

4. 隧道设计

在隧道出口段设置150米防雪明洞（后变更为加强型棚洞），在第2道雪崩口K25+545—K25+630段和K25+800—K25+885段设置棚洞治理雪崩病害。发生雪崩时，此方案能有效解决第1、2道雪崩缩短道路断通时间，提高行车安全性和道路通行能力，减少保通压力，降低机械铲雪养护保通作业的工作量和危险性。

四、路线交叉设计

项目起点 K0+000 与 G318 的 K4010 处平面交叉，渠化交通，起点主线新建路段基宽为 19.5 米，平交的国道 318 线为 7.5 米宽，属三级公路。

五、环保、景观工程设计

路线位于西藏自治区林芝地区，处于雅鲁藏布江下游、喜马拉雅山脉东端南坡，路线经过区域峡谷深邃，高山入云，瀑布众多，沿线的原始森林、冰川、瀑布、湖泊及大峡谷美丽的自然风光魅力无穷，本着恢复性设计、保护性设计、自然式设计、乡土化设计、和谐统一的设计原则，本项目加强了在生态环境保护、水环境污染防治、水土保持、路侧绿化景观、观景平台及桥梁绿化景观等方面的设计，争取道路与自然景观的协调一致，保护墨脱的原始景观。

六、交通标志及沿线设施设计

现有波墨公路在上期新改建工程中已经设置了部分交通安全设施，本期整治改造考虑到路面结构升级改造硬化后，对交通安全的要求相应提高，因此对不具备防撞公路的路侧警示墙，拆迁更换为连续混凝土防撞墙，同时本期整治改造充分利用现有的标志牌和连续混凝土防撞护栏，对上期交通标志设置不完善的路段进行补充。

（一）交通标志设计

波墨公路全线交通标志的设计，以《道路交通标志和标线》（GB 5768—2017）为基本依据，同时结合国内近年在山区公路安全设施设计中的经验教训进行综合考虑。全线标志主要有：警告标志、禁令标志、地点距离标志、指示标志、告示牌等。

主线标志版面设计以驾驶员在 30 千米 / 小时、20 千米 / 小时车速下行驶时能及时辨认标志信息为基本原则，做到版面醒目、美观。

警告标志主要设置于线型较差、连续弯道多，且弯道半径较小，回头弯多的地方。

图 3-2-6　卡车爬行波墨公路上的急弯

设置警告标志如：左右急弯、禁止超车限速标志、连续弯道、反向弯道、急弯路段谨慎驾驶等，若弯道为90度，则采用凸镜，以增加驾驶员前方视线，增加行车安全。纵坡较陡，最大纵坡坡度达到14%，而且连续上下坡较长，因此设置了下陡坡、上陡坡、连续下坡、连续上坡、下坡路段谨慎驾驶等标志，提醒驾驶员及早应对，注意安全。

根据本期项目实际情况，道路等级低，行车道为3.5米单车道、3.25米的双车道，路幅较窄，弯道多且半径较小，部分路段纵坡大，在小于一般平曲线半径、纵坡大的局部路段为防止交通意外，禁止超车并对车辆进行限速。

警告标志在危险路段是关系到交通安全的重要设施。此路地质灾害严重，雪崩、泥石流、严重滑坡、崩塌、水毁、雪崩、落石等分布较广，告示牌将提醒驾驶员“注意安全、谨慎驾驶、禁止停车，快速通过，不要逗留”。

地点距离标志主要以明确前方可到达的地名及距离。

对于两相邻错车道间距大于400—500米且不通视的路段设置指示标志，指明下一个错车道的距离。

在各个行政区县、乡交界处设置地界标志。

标志结构采用为柱式、悬臂式两种形式。为保证视认标志视线的通畅、清晰明了，避免路边植被对标志的遮挡，重要标志尽量采用单悬臂结构，以保障标志伸到路内，避免行道树对标志牌的干扰。

该路段标志反光膜采用四类反光膜。所有标志版均带边框。

（二）路面标线的设计

主线上道路标线为两车道路面中心线，颜色均为黄色，设计均采用热溶剂型2号标线，以提高夜间行车视线诱导效果。若为对向两车道路面中心线为4米/6米虚线，线宽15厘米，标线厚度1.8±0.2毫米。在标志设置为不容许超车的路段，两车道路面中心线设置实线。条件不允许的单车道，不设标线。

该路段道路交通标线主要有：车道分界线、平交路口标线等。

曲线路段：在原路改造路段小半径曲线处，若超车视距不能保证，由必须设置相应长度的不准超车路段，该段路中心线采用实线。另一侧若超车视距能够保证，可以采用虚实线。施工时若局部交通量较大，可根据实际需要增设禁止超车标志和解除禁止超车标志。

半径≤30米的水泥混凝土路面和沥青混凝土路面段设三组振动减速标线，分别设置于小半径路段的两端及中心，每组三条。

陡坡路段：单坡坡度大于7%，长度大于200米路段以及综合坡度大于5%，长度大于3千米的路段设下坡振动减速标线，每组间距为100米、50米、30米三种，每组三条或两条，并配合使用减速丘。

平面交叉口根据实际需要设置必要的标线，由于被交路交通量很小，干线左转的交通量较大，则干线左转优先于被交路的直行。

图3-2-7　2017年11月，项目人员翻越嘎隆拉山的老路

（三）路侧护栏的设置

路侧护栏设置以“主动引导为主、被动防护适度、全面保障有效”为设计思路，突出“以人为本”的设计理念，实现安全、环保、可持续发展的总体目标，结合较为成熟的设计经验，安全设施设计以“安全适度、适当超前”为原则，达到安全、实用、可行、节约目的，为道路使用者提供更加人性化和周到的服务，实现全方位、多角度、无空白的安全保障目标，使车辆安全、顺畅、便捷地到达目的地，尽可能地避免交通事故的发生。一旦发生事故，力求最大限度地保护人员和车辆，避免诱发二次事故。

根据规范要求，该项目在以下几种情况的路段设置了路侧护栏：

（1）车辆驶出路外有可能造成二次特大事故的路段。

（2）路堤边坡坡度不小于1∶1、高度不小于4米，车辆驶出路外有可能造成单车特大事故或二次重大事故的路段。

（3）路侧有水域，车辆驶出路外有可能造成单车特大事故或二次重大事故的路段。

（4）针对该项目地形陡峭，临崖路段多，同时存在小半径回头曲线和长大纵坡的特点，对这些路段采用设置钢筋混凝土护栏，提高安全性，其他路段视情况设置波形护栏。钢筋混凝土护栏每段最小设置长度为12米，该项目波形梁护栏每段最小设置长度为28米。

七、房建等其他工程设计

波墨公路整治改建工程设计有治超检测站一处、工区房一处。

（一）治超检测站

治超检测站位于路线 K18+730，本期项目地质病害众多，设置了部分钢桁架桥梁跨越地质灾害点，项目区的气候、地质水文等条件特殊，病害存在不确定性，从保通角度出发，暂无条件全部改建为混凝土桥梁。

（二）工区房

工区房设计之初通过征求公路局意见，根据自治区公路局《关于扎木至墨脱公路整治改建工程配套设施建议的函》（藏路函〔2015〕8 号）：设计有一工区、24K 保通点、52K 保通点、二工区、墨脱县应急抢险中心。

根据自治区公路局《关于明确国道 559 线波密至墨脱公路整治改建工程配套养护设施布置方案的复函》（藏路函〔2017〕58 号）里“突出重点注重实效”要求，修改为“两个工区、三个保通点”（一工区、二工区、24K、52K、62K 保通点）。

第三章 设计变更

现场设计代表对设计变更严格执行各项管理制度，并根据变更情况，对建设单位、监理单位、施工单位提出的变更意见经过深入调查，认真考虑，同时提出自己的变更意见，形成会议纪要，最终完成变更方案设计。变更的具体情况如下：

第一合同段：累计变更 204 份，其中 0# 变更 1 份，一般变更 203 份。

第二合同段：累计变更 290 份，其中 0# 变更 1 份，一般变更 288 份；较大变更 1 份。

第三合同段：累计变更 21 份，其中 0# 变更 1 份；一般变更 19 份；较大变更 1 份。

第四章 经验总结

一、认真勘察、精心设计是建设优质工程的前提

设计人员坚持认真勘察、精心设计，从而保证了工程方案设计的合理性，为本期项目争创优质工程打下了坚实基础。

二、多方案比较，确保测设质量

在测设过程中，进行了大量的路线方案比较研究工作。初步设计完成后进入施工图设计阶段，又对路线方案进一步优化，为最终的方案确定提供了可靠的依据。

三、认真执行评审意见，确保了设计方案的合理

此项目初测、初步设计、定测、施工图设计等每阶段的验收或评审，业主或有关专家均提出了很多宝贵的意见和建议。评审意见及建议均在下一阶段的测设过程中得到了认真的执行，确保了设计方案的合理性。

四、强化质量意识，加强现场后续服务

对于在施工图设计上确有的不足之处，设计代表针对现场出现的各类问题，进行实地勘察，同业主、监理、施工单位共同研究提出处理方案，遇较大变更方案则请示公司总工办、分院领导审查处理，最后完成变更方案，提交项目公司审查。所有变更方案严格按照工作程序及项目公司有关工程变更的规定执行，变更工程项目处理情况良好。

第四篇　建设管理篇

概　述

2015年11月，波墨公路“新改建工程”在完工交付使用两年后，西藏自治区国土资源厅对波墨公路出具了地质灾害审查意见，确定为一级，这是本期“整治改建工程”的肇始。2016年1月，本期项目完成了环境影响评价；2016年11月，交通运输部对本期项目工程可行性研究报告给予了批复；在项目前期工作完成后，本期“波墨公路整治改建工程”于2017年11月7日正式开工，于2020年9月29日项目交工。

波墨公路整治改建工程的建设管理单位是西藏自治区重点公路建设项目管理中心，工地现场设立了项目管理办公室，由项目办统一协调各参建单位，并实施现场管理。

本篇对波墨公路整治改建工程建设的项目管理进行详细记述。

第一章 建设依据

2016 年 11 月 30 日交通运输部印发《交通运输部关于国道 559 线波密至墨脱公路整治改建工程可行性研究报告的批复》（交规划函〔2016〕789 号）。

2017 年 6 月 30 日交通运输部印发《交通运输部关于国道 559 线波密至墨脱公路整治改建工程初步设计的批复》（交公路函〔2017〕481 号）。

中华人民共和国交通运输部

交公路函〔2017〕481 号

交通运输部关于国道 559 线波密至墨脱公路整治改建工程初步设计的批复

西藏自治区交通运输厅：

《关于审批国道 559 线波密至墨脱公路整治改建工程初步设计文件的请示》（藏交发〔2017〕100 号）收悉。根据《交通运输部关于国道 559 线波密至墨脱公路整治改建工程可行性研究报告的批复》（交规划函〔2016〕789 号）确定的建设规模、技术标准和估算总投资，经审查，批复如下：

一、建设规模与技术标准

（一）国道 559 线波密至墨脱公路整治改建工程，起自波密县扎木镇西，接国道 318 线，止于墨脱县莲花广场，全长 112.970 公里，其中起点段 0.760 公里为新建（含扎木大桥 190 米）。

主要建设内容为：治理病害，适当改善路面平纵线形，拓宽路基，完善排水防护和桥涵工程，加强交通标志和安全设施，铺筑路面（新建段和嘎隆拉隧道南口至墨脱段）等。

（二）路线起点段 0.760 公里采用三级公路标准（兼顾城市道路标准），设计速度 30 公里/小时，路基宽度 19.5 米；嘎隆拉隧道段 3.600 公里采用三级公路标准，设计速度 30 公里/小时，路基宽度 7.5 米；扎木大桥至嘎隆寺段 20.363 公里采用四级公路标准建设，设计速度 20 公里/小时，路基宽度 6.5 米；闪武勒至墨脱县城段 88.247 公里采用四级公路标准建设，设计速度 20 公里/小时，路基宽度不小于 4.5 米（有条件路段路基宽度采用 6.5～7.5 米）。新建扎木大桥设计汽车荷载等级采用公路－Ⅰ级，其他新建桥涵设计汽车荷载等级采用公路－Ⅱ级，利用既有桥梁暂沿用原荷载标准。其他技术指标按《公路工程技术标准》（JTG B01－2014）执行。

二、工程地质勘察和既有公路调查

初步设计收集了既有公路地质勘察资料，对沿线工程病害进行了全面调查和分析，采用钻探、原位测试等勘察手段对工点地质条件进行补充勘察，勘察成果基本满足整治改建设计的需要。下阶段应重点做好以下工作：

（一）进一步加强地质病害工点勘察，对受地形条件限制、勘探工作量不足的滑坡、边坡等工点，应结合施工开挖进行补充勘探，查明支挡工程地基条件和稳定性，动态优化支挡防护方案，保证安全。

（二）加强对泥石流沟变动规律的调查，进一步查明沟床摆动范围，为排导防护工程设计提供可靠资料。

（三）结合对既有边坡稳定性的调查分析，验证岩土参数取值，修订稳定性分析评价结论。

— 2 —

（四）补充扎木大桥至嘎隆寺段路面病害调查，查明病害原因，为优化路面设计提供指导。

三、路线

（一）路线起自波密县扎木镇西，新建扎木大桥跨越帕隆藏布江，经嘎隆寺、闪武勒（52K）、波弄贡（80K）、达木、米日，止于墨脱县城莲花广场，充分利用已建工程整治改建。路线走向及主要控制点合理，符合可行性研究报告批复要求。

（二）初步设计在充分利用既有线位的基础上，根据项目沿线病害分布、地形地质、水文条件、工程规模及投资等因素，对局部平纵面进行优化，对 6 段路线进行了技术经济比较，同意初步设计及补充设计推荐的路线方案。应结合工点勘察和病害处治方案，进一步优化路线平纵面设计，完善警告、防护等交通安全设施设置，改善行车条件，降低工程规模。

四、路基路面

（一）原则同意初步设计采用的路基横断面型式、设计参数和一般路基设计原则。应按稳定优先的原则，进一步优化路基设计，结合支挡防护工程设置和既有工程使用情况，合理选择边坡坡率。有条件的路段，应适当增加路基宽度、加长错车台，改善通行条件。

1. 同意利用既有砂石路面作为路床的方案。应核查既有砂石路面状况，分段完善利用方案，保证路床强度和稳定性。

2. 原则同意填挖交界、陡坡路堤段处治方案。本项目路基宽度较窄，应结合路基填筑宽度，分段细化路基填筑工艺，保证路基填筑质量。为满足压实要求超填部分，原则上作为土路肩加以利用。

— 3 —

3. 现场核查支挡结构物设置位置，确保基础安全稳定。在工程量无明显增加的前提下，挡墙宜适当向外设置，增加路基宽度。

4. 同意悬崖峭壁路段采用半山洞或挑梁方案拓宽路基。应结合施工期保通要求，进一步细化结构设计和施工方案，严格控制施工爆破震动，最大限度减少对山体的扰动，保证安全。

5. 原则同意既有的常流水过水路面段落采用设置桥涵跨越、渡槽排导或改线等方案处治，非常流水段落暂维持过水路面方案。同意 18K 冰川泥石流采用局部改线方案处治，对 K65＋604～648、K72＋675～690 处泥石流采用设置渡槽方案处治，K74＋062＋098、K78＋855～905、K74＋062～098 处泥石流采用桥梁跨越方案。应结合详勘资料，进一步分析泥石流沟道摆动规律，完善必要的导流、防护设计，保证处治效果。

6. 同意对嘎隆拉隧道出口雪害路段采用设置明洞、防雪棚洞和导雪墙方案处治。应现场落实防治工程设计位置和段落，加强工程基础和结构设计，核查结构抗冲击强度，确保安全。

7. 原则同意冷多一号、玛迪二号滑坡处治方案，应结合详勘资料和滑坡稳定性观测，进一步细化处治方案，减少对稳定坡体的扰动，保证安全。

8. 结合详勘资料和病害调查分析，进一步细化对小型滑坡、崩塌、泥石流及松散坡积层等病害的处治方案，提高边坡稳定性，完

— 4 —

善预警、监测措施，降低安全风险。

9. 应结合边坡防护和病害治理工程，进一步优化边坡植物防护设计，充分利用植物防护稳定坡面，提高抗冲刷能力。

（二）原则同意一般路段采用沥青混凝土路面及其结构组合设计方案，面层采用5厘米AC－13型细粒式沥青混凝土。应结合区域气候特点、保通要求和材料供应情况，进一步优化路面结构设计。

（三）原则同意路基路面排水设计方案。应结合区域气候特征和防护工程设置，进一步优化综合排水系统设计，合理确定设施断面尺寸，提高应对暴雨等不良天气的能力。

五、桥梁

初步设计桥型选择和孔跨布置基本合理，原则同意初步设计推荐的桥梁方案。应进一步优化墩台位置，加强标准化设计和施工，对采用非部颁标准图设计的桥梁，应严格审查，确保结构安全可靠和经济合理。

（一）同意新建扎木大桥采用6孔30米T梁方案。应结合详勘资料、河床变迁规律和水位，进一步优化桩基及系梁设计，保证结构安全。

（二）同意加固利用达国大桥和西莫河大桥。应结合既有桥梁检测评价资料，进一步细化加固方案，加强新旧主缆转换的施工监控和新旧混凝土连接构造措施，完善施工期间的保通和安全措施，确保加固工程质量和安全。应针对项目区气候条件、运输条件和

— 5 —

施工特点，补充钢结构桥梁防腐专项设计，明确工艺要求，保证结构耐久性。

（三）同意其他大中桥梁采用T梁或π形梁方案。

（四）项目区地震动峰加速度值高，应加强结构抗震分析和验算，完善抗震构造设计，优化防落梁措施，保证结构安全。宜优先选择简支结构桥梁。

六、隧道

原则同意嘎隆拉隧道出口设置明洞，防治雪害。应结合明洞地基勘察，现场核查基础设置位置及地质条件，进一步细化明洞结构设计，充分评估雪崩冲击力度，完善导引及缓冲措施，保证结构安全。

七、交通工程及沿线设施

原则同意安全、管理、养护设施设计方案。

（一）原则同意标志、标线、护栏等安全设施的设计方案，应按照《国务院关于加强道路交通安全工作的意见》（国发〔2012〕30号），完善相关交通安全设施设置，重点加强临崖、临水、雪害、连续下坡、急弯陡坡、视距不良及平面交叉口等路段交通工程设计，保障行车安全。交通安全设施应与主体工程同步设计、同步施工、同步建成。

（二）同意嘎隆拉隧道增设通风、照明、监控及供电、消防等设施。应结合隧道实际使用条件，合理选择设备类型，降低维护成本，提高可靠度。适当增设反光式轮廓标，降低照明需求。

— 6 —

（三）同意改建既有3处养护工区，新建2处保通点、1处隧道管理站、1处治超站。核定全线管理养护设施新增用地面积13.6亩，新增建筑面积5,500平方米。

八、概算

本项目概算依据交通运输部《公路工程基本建设项目概算预算编制办法》(JTG B06－2007)、有关定额及交通运输部和西藏自治区有关规定编制。

（一）核定建筑安装工程费975,038,995元。

（二）核定设备及工具、器具购置费27,637,219元。

（三）核定建设项目前期工作费69,508,965元。

国道559线波密至墨脱公路整治改建工程初步设计概算总金额核定为1,201,548,584元。项目实际投资应控制在批准概算内，最终工程造价以竣工决算为准。

九、实施要求

（一）同意本项目采用改进的传统模式进行管理，项目建设管理法人为西藏自治区重点公路建设项目管理中心。应加强项目管理和技术人员配备，按照《交通运输部关于深化公路建设管理体制改革的若干意见》（交公路发〔2015〕54号）要求，在监理合同中进一步明确建设管理法人与监理单位的职责界面，建设管理法人对项目建设管理负总责。

（二）请你厅组织有关单位认真研究积累高地震烈度、高湿度环境使用耐候钢的设计、施工和管养经验。

— 7 —

（三）应严格履行基本建设程序，按本批复要求组织编制施工图设计和招标文件，加强详测、详勘验收工作。施工图设计文件由你厅审查批复，审查意见及本批复执行情况于招标前报部。应做好开工前各项准备，依法办理用地手续，完善管理制度，加强工程管理。严格保护环境，做好施工期交通组织和保通方案研究，加强安全管理，保证安全生产投入，确保工程质量、安全。

（四）项目总工期（自开工之日起）3年。

附件：国道559线波密至墨脱公路整治改建工程初步设计概算汇总表

2017年6月30日

— 8 —

图4-1-1 交通运输部关于国道559线波密至墨脱公路整治改建工程初步设计的批复

2017年7月7日西藏自治区交通运输厅印发《关于国道559线波密至墨脱公路整治改建工程两阶段施工图设计的批复》（藏交发〔2017〕328号）。

བོད་རང་སྐྱོང་ལྗོངས་འགྲིམ་འགྲུལ་སྐྱེལ་འདྲེན་ཐིང་གི་ཡིག་ཆ།

西藏自治区交通运输厅文件

藏交发〔2017〕328号

★

关于国道559线波密至墨脱公路整治改建工程两阶段施工图设计的批复

区重点公路建设项目管理中心：

《关于审批国道 559 线波密至墨脱公路整治改建工程两阶段施工图设计的请示》（藏交项管字〔2017〕69号）收悉。根据《交通运输部关于审批国道 559 线波密至墨脱公路整治改建工程初步设计的批复》（交公路函〔2017〕481号）确定的技术标准、设计方案和投资规模，经审查，现批复如下：

一、建设规模与技术标准

国道559线波密至墨脱公路整治改建工程起自波密县札木镇西，接国道318线（K4010+800），沿途经岗戎勒、达尔曲、波弄贡、金珠藏布、冷多、米日、玛迪、西莫河，止于墨脱县莲花广场。路线全长113.150公里。

全线分段采用三级、四级公路标准整治改建，设计速度30

- 1 -

公里/小时（20公里/小时），在地质条件复杂、工程艰巨的路段，个别技术指标可适当降低。新建札木大桥设计汽车荷载等级采用公路－I级，其他新建桥涵设计汽车荷载等级采用公路－II级标准。其他技术指标按《公路工程技术标准》(JTG B01-2014)执行。

二、路线

路线走向及主要控制点合理，符合初步设计文件批复要求。路线设计中综合考虑了沿线地形地质条件，合理运用技术指标，保护生态环境，尽可能地利用既有道路路基，避免安全隐患及诱发新的地质灾害。

三、路基路面

同意施工图设计采用的路基组成设计参数及标准横断面型式。

同意施工图设计采用的路面结构型式。一般路段路面采用20厘米天然砂砾底基层，20厘米水泥稳定砂砾基层，5厘米细粒式SBS改性沥青混凝土面层；隧道口连接段、村镇过境段、积雪及过水路段路面采用20厘米水泥稳定砂砾基层，24厘米水泥混凝土面层。

四、排水、防护

同意施工图设计采用的路基防护工程设计及其结构设计参数和路基、路面排水系统设计。实施中应根据实际地形，地质及径流条件，优化综合排水设计方案。

五、桥梁

- 2 -

同意新建桥梁施工图设计采用的桥型、下部结构和孔跨布置及其附属工程的设计方案。

同意加固利用达国大桥和西莫河大桥施工图设计方案。

六、隧道

同意施工图设计采用的明洞设计方案。

七、交通工程及沿线设施

（一）同意施工图设计采用的交通工程及沿线设施的设计方案。

（二）同意隧道消防、照明、通信、监控、通风等机电系统的设计方案。施工阶段严格做好通风、照明、供配电、监控、消防、救援及应急联动控制的施工工艺，提高隧道运行安全性。

（三）同意改建既有3处养护工区、新建2处保通点、1处隧道管理站、1处治超站。

八、施工图设计预算

本项目施工图设计预算依据《公路工程基本建设项目概预算编制办法》（JTGB06-2007）和有关定额管理办法及西藏自治区有关规定编制。

（一）核定建筑安装工程费969,704,626元。

（二）核定设备及工具、器具购置费24,898,001元。

（三）核定建设项目前期工作费69,508,965元。

国道 559 线波密至墨脱公路整治改建工程两阶段施工图设计预算核定为1,177,242,044元。

- 3 -

九、建设工期

项目总工期（自开工之日起）3年。

请你中心按本批复要求，认真做好开工前的各项准备工作，在建设过程中严格按基本建设程序执行，加强项目进度、安全监督、工程管理、环境保护、水土保持、节能减排、公路保通和质量检测等工作，确保工程质量，资金安全及“双清欠”工作。

附件：国道559线波密至墨脱公路整治改建工程施工图设计预算审核表

西藏自治区交通运输厅

2017年7月7日

抄送：厅综合规划处、建设管理处、审计监督处、财务处，区公路局，区交通质量安全监督局，中交第二公路勘察设计研究院有限公司。

西藏自治区交通运输厅办公室 2017年7月7日印发

- 4 -

图4-1-2 西藏自治区交通运输厅关于国道559线波密至墨脱公路整治改建工程两阶段施工图设计的批复

2016 年 1 月 26 日西藏自治区环境保护厅印发《关于国道 559 线波密至墨脱段公路整治改造工程环境影响报告书的批复》（藏环审〔2016〕8 号）。

བོད་རང་སྐྱོང་ལྗོངས་ཁོར་ཡུག་སྲུང་སྐྱོང་ཐིང་གི་ཡིག་ཆ།

西藏自治区环境保护厅文件

藏环审〔2016〕8 号

关于国道 559 波密至墨脱段公路整治改造工程环境影响报告书的批复

西藏自治区交通运输厅：

你厅《关于审批<国道 559 波密至墨脱段公路整治改造工程环境影响报告书>的函》（藏交函〔2015〕218 号）收悉。经 2016 年 1 月 15 日厅专题会研究，批复如下。

一、本工程位于西藏林芝市波密县和墨脱县境内，路线起点位于波密县扎木镇国道 318 线 K4010 处，终点接墨脱镇莲花广场，路线全长 113.845 公里。除对现有公路的砂石路面采用沥青混凝土硬化外，结合波密县城镇规划，新建扎木大桥。结合沿线村镇分布情况，对 3 处穿村路段进行拓宽。对沿线重点地质病害路段的整治采用新建或锚杆（锚索）等措施。拟建工程路线全长 113.845 公里，公路等级采用四级公路标准，设计速度 20 公里/小时，路

-1-

基宽度为 4.5 米、6.5 米 7.5 米，扎木大桥 19.5 米。全线新建桥梁 9694 米/20 座，其中大桥 491.2 米/3 座，中桥 245.2 米/7 座，小桥 233 米/10 座；整治利用桥梁 56 米/2 座，其中中桥 38 米/1 座，小桥 18 米/1 座；完全利用桥梁 781.52 米/13 座，其中大桥 545 米/5 座，中桥 151.5 米/4 座，小桥 85 米/4 座；设置涵洞 448 道（其中整治利用 316 道，拆除重建 24 道，接长利用 73 道，废弃 4 道，新建涵洞 31 道）。工程总投资 12.462 亿元，其中总体环保投资 848 万元，占总投资的 0.68%。

本工程穿越雅鲁藏布大峡谷国家级自然保护区实验区，西藏自治区林业厅以《关于国道 559 线波密至墨脱段公路整治改造工程穿越雅鲁藏布大峡谷国家级自然保护区的复函》（藏林函字〔2015〕109 号）“原则同意按原路改造扎木镇至墨脱县城公路”。且该项目符合《西藏自治区省道网规划（2014 年-2030 年）》。在全面落实报告书提出的各项生态保护和污染防治措施的前提下，项目建设和运营对环境的不利影响能够得到缓解和控制。因此，我厅原则同意你厅按照报告书所列的路由、地点、性质、规模和环境保护对策措施进行项目建设。

二、原则同意报告书作为建设项目实施环境管理的依据。项目业主须严格落实报告书中提出的各项环保对策、措施及相应的投资，防止固体废弃物、废水、废气、噪声污染和生态破坏，将项目建设对环境的不利影响降至最低。

三、按照《西藏自治区生态环境保护监督管理办法》（西藏自治区人民政府令第 120 号）要求，落实环境监理制度。开展环境监理工作，定期向自治区环境监察总队、林芝市环境保护局提交

2

工程环境监理报告。建设项目的环境监理合同、环境监理过程中的监理日志、月报及施工阶段环境监理报告等将作为环境保护部门日常环境监察的检查内容及工程竣工环境保护验收的重要依据。

四、项目建设和运营过程中应重点做好以下工作：

（一）严格落实“以新带老”措施。本次整治工程对沿线 K39+435 右侧 20 米旧料场、K45+425 右侧临路和 K45+590 右侧临路等 2 处旧取土坑进行恢复整治，促进植被恢复。

（二）本工程总占地为 145.09 公顷，其中利用现有公路用地 138.57 公顷，本工程新增永久占地总计 6.52 公顷。工程区域内生态环境脆弱，一旦破坏难以恢复。施工过程中要对沿线植被严格保护，进行划界施工，严格控制施工范围，严禁越界占压草地，减少对路基两侧植被的破坏；对于公路边沟至公路界碑之间征而不占的区域，应尽量保护，避免该区域受到工程干扰；路基施工过程中，对扰动区域的草地，应先剥离表层草皮和土壤，集中堆存养护，用于后期道路边坡或料场生态恢复。严禁随意砍伐林木，禁止砍伐项目沿线国家级重点保护植物桫椤、白桫椤、千果榄仁、长喙厚朴和楠木等国家级保护植物等。若在施工中发现桫椤、白桫椤、千果榄仁、长喙厚朴和楠木等植物，应采取工程避让。施工结束后应及时对施工迹地进行平整，并因地制宜开展绿化工作，改善项目周边生态环境和景观。

（三）施工过程中须做好土石方平衡。路基开挖过程中，在满足工程需要的前提下，避免大挖大填，减轻工程建设对周围生态环境的破坏，路基上下边坡应修建挡护工程，防止边坡坍塌造

-3-

成植被破坏面增大。经环评优化后，本工程不设置取土场和弃渣场，设置 1 处砂料场和 1 处石料场，并采取人工选取的方式采集冲沟表面块、漂石。本工程拌合站、施工营地等临时场站结合工程沿线养护工区进行设置。对于 8 处悬崖峭壁路段拓宽路段，均位于雅鲁藏布大峡谷保护区实验区内，采用半山洞和挑梁拓宽路基的设计方案。严禁在雅鲁藏布大峡谷国家级自然保护区内设置取土场、砂石料场、弃土场和临时场站，严禁沿河倾倒弃渣。施工中加强施工机械、运输车辆管理，严格限定施工车辆行驶路线，禁止施工机械、运输车辆下道行驶，碾压、破坏植被。

在工程开工建设前，项目业主应会同环评单位、设计单位、当地政府、项目所在地环保部门共同进行现场踏勘，结合实际对工程全线料场再次确认，禁止在自然保护区内设置取土场、料场和弃土场等。经共同确认实际使用的料场在区、市两级环保部门备案，并作为项目竣工环保验收的依据。

（四）优化桥涵施工工艺，减缓对河道的阻隔，桥梁桩基施工作业应尽量选择在枯水期，产生的泥、渣应妥善处理，严禁弃入河道或河滩。对隧道施工中可能出现的涌水、突水采用沉淀池收集处理后作为施工用水。桥涵施工结束后，须及时拆除施工围堰，清除桥梁下方填料，保证河流水系畅通。

（五）加强水污染防治工作，落实水环境保护措施，禁止各类废（污）水直接排放污染沿线水体。运营期养护工区生活污水经防渗旱厕收集处理后全部用于工区绿化，不得外排。

（六）施工过程中应采取选用低噪声设备、加强施工机械的维修、保养等措施，控制噪声源强；合理安排施工工序，避免高

4

噪声设备同时施工；禁止夜间（22：00—次日 8:00）施工。在声环境敏感点附近路段施工时，设置临时围挡，降低施工噪声对声环境敏感点的影响；在墨脱县卫生服务中心路段午间、夜间应禁止产噪作业及运输车辆过往。

营运期，距公路中心线 20 米为噪声控制距离，在此范围内不宜规划学校、医院及居民住宅等噪声敏感建筑。

（七）加强雅鲁藏布大峡谷国家级自然保护区的生态保护。依据《雅鲁藏布大峡谷国家级自然保护区总体规划》，现有扎墨公路在桩号 K26-终点段穿越雅鲁藏布大峡谷国家级自然保护区实验区，穿越里程约 89.6 公里。施工过程中须加强对施工人员的管理与培训，施工人员必须遵守保护区的各项管理规定，禁止随意进入自然保护区活动；加强生物多样性和环境保护宣传教育，提高施工人员的环境保护意识；严禁使用明火，严禁施工人员追赶、捕杀野生动物或下河捕鱼；加强对项目区生态环境的监控和管理，在 K26、K76、K115 附近各设置一处对保护区的宣传警示牌，禁止高速行车和鸣笛。

（八）加强施工期油料、炸药的运输、贮存管理，建设临河、跨河桥梁路段安全防护设施，制定有效的环境风险应急预案，建立完善的风险防范及事故应急处置机制，落实各项风险防范措施，降低环境风险。

五、严格执行配套建设的环境保护设施及措施与主体工程同时设计、同时施工、同时投入使用的环境保护“三同时”制度。工程建成后，必须按规定程序申请竣工环保验收。验收合格后，项目方可正式投入运营。

5

六、本批复只对报告书中所列建设内容有效，建设项目的性质、规模、路由或者污染防治、生态保护措施发生重大变动，应当重新报批项目环境影响评价文件。

七、我厅委托林芝市环境保护局负责该工程施工期的环境保护“三同时”监督检查和日常环境监督管理工作。建设单位应积极配合环保部门做好环境监测、监察工作，避免生态破坏和环境污染事故的发生。

八、你厅应在收到本批复后 15 个工作日内，将批准后的报告书分送林芝市环境保护局，波密县、墨脱县环境保护局，并按规定接受各级环境保护行政主管部门的监督检查。

西藏自治区环境保护厅

2016 年 1 月 26 日

抄送：自治区发展改革委、林业厅，林芝市环境保护局，波密县、墨脱县环境保护局，厅环境影响评价处、自然生态保护处，自治区环境工程评估中心、环境监察总队，交通运输部天津水运工程科学研究所。

西藏自治区环境保护厅办公室　　2016 年 1 月 26 日印发

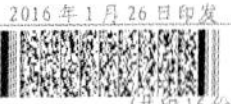

（共印 16 份）

6

图 4-1-3　西藏自治区环境保护厅关于国道 559 线波密至墨脱段公路整治改造工程环境影响报告书的批复

2017 年 1 月 3 日西藏自治区国土资源厅公告（〔2017〕1 号）。

西藏自治区国土资源厅

公　告

2017 年 第 1 号

为贯彻落实《国土资源部关于改进和优化建设项目用地预审和用地审查的通知》（国土资规[2016]16 号）精神，改进建设项目用地压覆重要矿产资源审查流程，现将有关事项公告如下：

一、用地预审阶段，不再对单独选址的审批类建设项目是否压覆重要矿产资源进行审查。在用地报批阶段，建设项目涉及压覆重要矿产资源的，在建设单位说明已与矿业权人就压矿补偿问题进行协商，有关市县人民政府承诺做好压矿补偿协调工作的前提下，可办理用地审批手续。

二、自 2017 年 1 月 1 日起，用地申请报件，不再要求项目建设单位提交是否压覆重要矿产资源的证明，国土资源行政管理部门也不再出具建设项目用地是否压覆重要矿产资源的证明。

三、在用地报批阶段，对建设项目用地是否压覆重要矿产资源实行内部审查。建设项目用地不压覆重要矿产资源的，由资源储量管理机构在“建设项目用地审查会审表”上签署：“经审查，项目用地不压覆重要矿产资源”意见。压覆重要矿产资源的，由建设单位提交建设项目压覆重要矿产资源评估报告，按国土资源管理部门审批。

2017 年 1 月 3 日

公开方式：主动公开

2

图 4-1-4　西藏自治区国土资源厅公告

第二章　建设单位及管理机构

波墨公路整治改建工程的建设单位为西藏自治区重点公路建设项目管理中心（简称“项目中心”）。

根据波墨公路整治改建工程项目实际情况，为了更好地加强项目组织管理，西藏自治区重点公路建设项目管理中心成立了波墨公路项目管理办公室（简称“项目办”），项目办下设工程部、安全环保部、合约部、综合部、财务部，各部门根据职能明确工作职责和工作任务，按照项目的线路特点，项目办驻地选址在80K，保障了本项目的“组织、协调、管理、服务”工作高效完成。

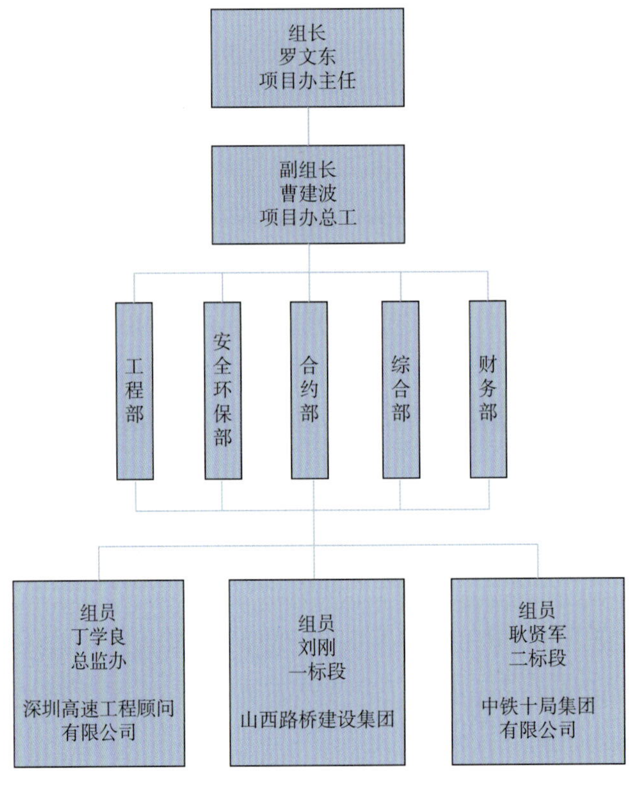

图 4-2-1　波墨公路整治改建工程项目管理办公室组织机构图

第三章 前期管理

一、招标工作

（一）设计单位招标

根据招标投标法的法定程序，波墨公路整治改建工程项目设计单位的招标，由西藏自治区交通运输厅于2016年5月3日委托中交第二公路勘察设计研究院有限公司（勘察设计资质为公路工程甲级）承担该项目的工程可行性研究报告、初步设计（含初测、初勘）、施工图设计（含详测、详勘），签约设计合同价69508965元。

（二）施工单位招标

西藏自治区交通建设项目招投标中心根据西藏自治区交通运输厅批复《关于国道559线波密至墨脱公路整治改建工程两阶段施工图设计的批复》（藏交发〔2017〕328

图 4-3-1 波墨公路狭窄处只可一辆车通过

号）及西藏自治区人民政府批示进行了邀请招标，邀请8家具备公路工程施工总承包一级以上资质、交通工程（公路安全设施分项）专业承包一级资质，具备相关施工经验和在相关人员、设备、资金等方面有能力承担施工的企业。

评标依据《公路工程施工招标评标委员会评标工作细则》，由交通厅主管部门全程监督，经评标专家委员会评审，评标委员会按投标人的报价得分由高到低的顺序推荐中标候选人。中标者是：山西路桥集团有限公司中标第一合同段、中铁十局集团有限公司中标第二和第三合同段、重庆渝信路桥发展有限公司中标机电工程全一标段。

（三）监理单位招标

西藏自治区交通建设项目招投标中心根据西藏自治区交通运输厅批复及西藏自治区人民政府批示进行了邀请招标，邀请6家具备公路工程专业监理资质的监理单位。

评标依据《公路工程施工招标评标委员会评标工作细则》，由交通厅主管部门全程监督，经评标专家委员会评审，评标委员会按投标人的综合得分由高到低的顺序推荐中标候选人。中标者是：深圳高速工程顾问有限公司、江西慧通科技股份有限公司。

二、征地拆迁

根据西藏自治区重点公路建设项目管理中心与波密、墨脱县人民政府签订的征地拆迁协议，征地拆迁全权委托墨脱县、波密县人民政府完成。其中：墨脱县共征用耕地4.77亩，房屋5984.62平方米，林地1161.405亩。波密县共征用耕地10.06亩，草地22.58亩，地面附着物1038.84平方米，果树40棵，林地350.114亩。征地拆迁、草地、林地补偿和开垦费合计1264.1187万元。

第四章　项目管理

一、质量管理

（1）质量保证体系。波墨公路整治改建工程的质量控制，实行由业主负责下的“政府监督、施工监理、企业自检”三级质量保证体系。项目从合同签订至实施，从原材料进场到抽样送检，从承包队伍到监理人员的工作状况，结合质监局和厅属、项目中心等组织的督导检查，加强了质量监督检查的力度，做到发现问题及时解决，较好履行了监管职能。

（2）现场管理。由建设单位成立的波墨公路项目管理办公室（以下简称“项目办”）负责现场管理。为进一步加强现场管理工作，项目办把质量管理工作的重点放在现场监督检查上，长期坚持三点一线巡视检查，加强现场检查的力度和深度，做好事前控制的要求，发现问题现场立即解决，避免发生较大返工浪费，并及时处理施工单位亟待解决的问题。

图 4-4-1　路面检测

（3）例会协调。项目办通过例会等形式，对阶段性工程施工质量控制问题进行分析总结，指导下一步施工；还结合有关质量提升活动适时组织开展质量大检查。通过一系列的质量管控措施，增强了参建单位的质量意识。

（4）全面监理。监理单位是工程质量控制的关键，按照要求监理单位制定了详细监理工作大纲，对项目的计划、进度、质量、投资和合同进行了全面的监理。在施工过程中，监理单位认真执行旁站制度和问题记查监理日志等制度，对从施工单位的材料进场到工程工序的进行实行了全过程监理，严格履行了对分项开工条件的审核批准职责，对重点分项工程以及隐蔽工程实行了二十四小时旁站监理，对项目管理信息保持了上传下达的通畅，为控制工程质量各种措施的推行起到了积极作用。

从本项目开工至工程完工，波墨公路整治改建项目原材料抽样检测共705次，地基承载力检测共计1245次，开展质量大检查活动11次，返工处理17处，召开质量现场会5次。由于处理及时，控制措施基本到位，方案推行基本落实，从项目建设开始至工程完工，未发生一起质量等级事故，工程质量始终处于可控状态。

二、安全管理

波墨公路整治改建工程项目沿线地质情况复杂，灾害点多，道路崎岖狭窄，突发性泥石流以及落石、飞石都是潜在的安全隐患，因此在安全问题上，项目办高度重视，根据交通运输部《关于印发<公路水运工程“平安工地”建设考核评价标准>的通知》（交质监〔2010〕132号）文件精神来指导该工程项目的安全生产工作，切实认真落实“安全第一，预防为主，防治结合，综合治理”的方针，规范和完善符合本工程实际的各项安全生产规章制度，提高各级参建单位管理人员的安全生产意识和管理水平，强化安全管理措施，落实安全生产责任，增强全体参建人员安全生产意识，工程安全生产管理工作力争做到规范化、标准化，着力营造“以人为本、遵章守法、关爱生命”的安全生产工作氛围，有效防范和遏制了安全生产事故的发生。各参工单位进场后，项目办针对此项目区域灾害实际情况，组织完成了雪崩、泥石流等针对性专项突发应急预案，并上报质监局和中心审核备案，且根据应急预案每年复工皆组织了突发事件应急演练，并取得了实效。通过各项安全生产措施的推行和落实，项目克服了地质灾害多发、安全隐患突出等困难，做到了控制到位、抢险到位、防护到位，从本项目开工至项目完工实现了波墨公路整治改建工程项目安全生产零事故的目标。

三、进度管理

图 4-4-2 质监局、项目办检查达国大桥引桥

波墨公路整治改建工程项目按照施工承包合同约定工期组织施工，在项目开工之前，施工单位根据施工承包合同工期要求，结合工程沿线的气候、地质等情况编制了施工组织设计上报审批，并按照要求将各项工程完成时间节点横道图上墙，加以控制各工序的完成时间。

在工程实施中项目办、总监办亦根据施工组织设计和时间节点横道图控制各项进度工作。波墨项目的施工条件非常艰难，一直处于“边施工、边保通”的工作状态，为确保在合同工期内完成建设，各参建单位筹谋策划，解决了诸多矛盾，克服了许多困难，主要抓了以下几方面工作：

一是不断强化施工单位合同管理意识，严格按照合同约定配备施工机械设备和人员，在需要突击进度时对项目办提出的加大投入，亦采取了有力配合。二是在进度推进过程中结合现场情况制定合理的进度节点，逐月分解施工任务，下达每月完成目标并进行过程监督检查，对于没有完成施工任务的施工单位，分析原因，找出问题症结，对症下药，努力把上月滞后的部分弥补上来，该措施亦在施工中得到了较好的落实。三是针对制约进度的难点提前制定预防措施，加强施工现场管理，做到事前控制、过程控制，必要时采取强制措施，如清退人员、队伍等，使得工程质量处于受控状态，避免了造成大量返工致使工期拖延。四是积极组织四方调查工地现场，及时解决工程中施工单位遇见的施工难点，对不符合现场实际情况的设计方案及时制定相应变更措施，避免了施工单位因方案制定滞后出现停工待工情况，保障了工程进度的有效推进。五是及时进行计量和拨付工程价款，确保施工单位原材料的贮备，未出现一起停工待料的情况。

由于进度保障各项措施到位，该项目于 2020 年 8 月 15 日顺利完成工程建设任务，相较合同约定工期提前了两个半月。

四、工程变更管理

为加强项目建设过程中设计变更的管理，严格控制工程投资，避免出现不按程序办事，随意进行设计变更的现象，项目办制定了严格的设计变更控制原则和审批程序，并向监理、施工单位下发了西藏自治区交通运输厅、西藏自治区重点公路建设项目管理中心有关设计变更方面的文件和管理办法。

按照文件要求对工程方案性变更，项目办组织设计、监理、施工单位四方现场调查，多方论证，按审批权限提出意见，形成“四方工地会议纪要”，及时上报审批，杜绝随意变更、虚假变更的发生。

截至竣工验收共发生一般变更 513 份（含 0 号变更），较大变更 2 份，重大变更 0 份。变更增减相抵后核增金额 13674.7644 万元。增加金额从项目招标结余及预备费中进行了列支。

五、工程造价控制

投资控制是工程管理的重要部分，是工程能否顺利进行的前提和保证。为此，项目办依据合同条款和计量规范，组织完工工程量的计量，施工单位根据工程的进展情况进行申报，驻地监理进行现场核实，总监办和项目办抽查核实。

项目办采取了如下切实可行的措施：一是根据西藏自治区交通运输厅公路工程变更管理办法，并结合施工现场实际情况进行优化设计变更，合理利用工程投资，变更由四方讨论确定方案后及时组织编制和审批；二是实行工程资金动态管理的办法，认真核查施工单位的施工进度情况，并根据进度情况对满足计量要求的工程进行据实计量，避免超计工程款的现象；三是保证资金专款专用，施工单位在指定的银行开设了资金账户，计量款项到账后项目办再次对上报资金使用计划进行审核，由项目主任审批后再行拨付，确保了项目工程资金的专款专用。

图 4-4-3　项目办对桥体质量进行检测

截至竣工验收，项目变更后合同金额为：96884.9816 万元，已计量金额为：88515.1597 万元，占变更后合同总额的 91.36%。项目完成投资额 116974.204 万元，占预算总投资 117724.2044 万元的 99.36%，项目未超批复预算，投资处于可控状态。

六、民工管理

项目办一直高度重视民工管理工作和农牧民的创收工作。按照相关管理办法，施工单位成立了民工管理办公室，负责民工的管理，办公室对民工实行动态管理，建立民工档案，签订劳务用工合同，负责及时发放民工工资和解决民工工资纠纷。

图 4-4-4 四方联合研究施工解决方案

在用工方面，各施工单位认真落实西藏自治区要求“在不影响公路建设质量和进度的前提下，优先雇佣沿线农牧民参工，在符合市场价前提下优先购买当地农牧民的自采材料”，本期项目在施工中使用大量当地民工和当地农牧民的运输车辆及机具，为当地农牧民创收提供较好的平台。

为了切实保护民工的合法权益，项目办还采取了多种措施，把民工工资兑现问题当作大事来抓，抓细抓好，一是根据建设部《建设领域农民工工资支付管理暂行办法》和自治区交通运输厅《关于在公路工程建设中加强劳务用工管理的办法》的有关规定，结合本项目的实际情况，认真落实了民工进出场登记造册制度，各施工单位详细登记了民工花名册；二是实行了点对点的民工工资兑现方式，各施工单位在给协作队伍结算工程款之前，基本做到了首先清兑民工工资；三是对于项目实施过程中出现拖欠民工工资或更严重的群体性上访事件，造成较大社会影响的，在项目办的检查评比中实行了“一票否决”制，出现问题的单位不得参加项目办组织的任何评比工作，并纳入年度信用评价中进行考核；四是对民工实名制管理平台非常重视，积极参与组织部门的培训，并通过各种途径对参工人员进行宣传，及时在管理平台进行民工实名制登记。

据统计，波墨项目为当地累计增加税收 951.98 万元，解决当地群众就业累计 1108 人，为当地创收累计 1448.92 万元，机械租赁费累计 3702.29 万元，地材费累计 9466.6 万元。

第五章 工程监理

一、监理机构与人员

深圳高速工程顾问有限公司作为波墨公路整治改建项目的工程监理人，在接到国道559线波密至墨脱公路整治改建工程中标通知书后进场，进场后在项目居中位置（k58+050）设置总监办驻地。

总监办配车4部（新购），配置了相关办公设施，进场监理工程师22名，其中总监1名，试验室主任1名，专业监理工程师12名，现场监理8名。进场监理人员中，高级工程师3名，工程师11名。监理人员均持证上岗（交通部监理工程证和培训证）。另成立了监理试验室，配备了满足工程需要的对应仪器设备和专业材试人员3人。

总监办成立后，根据项目特点编制了详细的工程监理计划及监理实施细则，建立了完善的监理规章制度，如岗位责任制、内部监督管理制度、监理人员工作守则、监理程序、工程质量管理流程图、总监办作息时间表，成立文件档案室等。先后成立了工程质量管理小组、防洪抢险领导小组、安全生产管理小组，明确了监理人员的岗位职责，以积极的工作状态、高度的责任感和过硬的专业技能投入监理工作中去，为建设项目提供高质量的服务，如期完成监理任务。

二、工程质量监理

为确保工程质量，总监办确立了以预控为主、跟踪监控、监帮结合的方法对工程质量进行控制。认真贯彻“严格监理、优质服务、科学公正、廉洁自律”16字方针，切实做好“三控三管一协调”，具体实施如下：

（1）严把预控关，认真审核承包人的质量保证体系。在质量控制过程中，严格审查承包人的质量保证体系，严把“材料关”“工艺关”“检验关”。总监办按照《投标文件》承诺，督促施工单位按时进场施工所需的开挖、拌和、摊铺、碾压、测量仪器和试验检测等设备，当进场的施工设备、试验仪器不符合合同约定和施工要求时，及时督促承包人整改。加强对承包人的质检、工地试验机构检查，对其配备人员的素质、

图 4-5-1　监理单位检查护栏施工质量

人数及试验设备进行认真检查。督促项目、工地试验室配齐施工所需的试验仪器、人员，各级质检机构人员齐全、职责明确、奖罚分明，确保自检体系能正常运转。每日对工地上发现的质量问题，及时召集现场监理工程师和施工单位现场负责人分析解决。对多次出现的普遍性问题，总监办组织召开现场会，查找原因，研究解决问题的措施。责任落实到人，由项目部提出整改措施或处理方案，现场监理督促整改检查。

（2）把好原材料关。严把进场原材料、半成品、成品质量关，确保合格材料用在工程中。材料进场时除严格审核合格证外，还按规定的频率进行现场抽查取样，并见证送检。

（3）分清监理重点，做好重点工程、关键工序旁站监理。针对项目的特点，总监办将“三背回填”、梁板预制、预应力张拉、桩基托梁混凝土挡墙、涵洞施工等内容作为监理控制重点、难点。过程中加强挡墙基础埋深、钻孔桩技术方案控制，要求监理人员坚持全过程旁站，及时检查承包人质检、试验人员到岗，严格原材料、施工工艺控制。总监办还不断加强巡查力度，检查和督促现场监理坚守岗位，认真履行监理职责，确保重点工程的施工质量。全体监理人员始终坚持“宁当恶人，不做罪人”的质量管理原则，牢固树立“责任重于泰山”的质量意识，认识到对质量严格把关是对业主的负责、对承包人的爱护，坚定地为工程质量把关，当好工程质量的合格卫士。

（4）强化工程验收管理。严格执行工程施工的报验制度。每道工序、分项分部工程完成，要求施工单位自检合格后，申报监理工程师验收，监理工程师以优良工程为目标对分项、分部工程进行验收，规范工程验收制度，严格检测、试验制度。监理中心实验室在总监办的领导下，积极开展独立的试验检测，提前进行标准试验验证，施工中进行同步抽检试验，为工程质量管理提供了可靠的依据。

（5）监理工地例会。总监办每月底召开一次监理工地例会，参会人员包括项目经理、技术总工、各部门负责人及业主代表。在工地例会上对当月工作进行总结，对存在的安全、质量、进度、环保、工程计量、内业资料等问题进行对应的处理，根据项目进展及合同工期要求，对下月工作进行安排，并形成会议纪要上报业主、下发施工项目部，并督促、检查施工单位就例会中提出的问题积极进行整改。

（6）工程质量评定。为了强化各合同段的质量管理，加强对整个工程及各分部、分项工程质量的控制，依据《公路工程质量检验评定标准》（JTG F80/1—2017），经对各合同段工程质量检验抽检评定为合格，其中第一合同段得分 97.3 分，第二合同段得分 95.7 分，第三合同段得分 96.78 分。

三、计量支付、工程进度和合同管理

（一）计量与支付

总监办根据施工设计图纸和变更设计，以分项工程为单位，建立了原设计静态和变更设计动态工程台账，施工单位也以同一模式建立了工程台账，由业主与施工单位、总监办共同复核，统一下发。原设计工程台账作为三方控制基础，在施工过程中，总监办每月建立计量台账，同时总监办也要求现场监理工程师建立自己的台账，以防止漏计和超计，保证计量标准。

图 4-5-2　监理单位检查路基施工质量

对每月计量的工程，由总监办组织现场中间交工验收，质量合格且资料齐全的方可计量，对资料不全、质量不合格的工程坚决不予计量，通过层层把关，保证计量工程数量的准确性。

山西路桥（第一合同段）累计计量

395374930 元，累计支付 375606187 元（累计扣留质保金 19768743 元）；中铁十局（第二合同段）累计计量 410425052 元，累计支付 387703798 元（累计扣留质保金 22721254 元）；中铁十局（第三合同段）累计计量 79351615 元，累计支付 75384035 元（累计扣留质保金 3967580 元）。

图 4-5-3 监理对涵洞施工质量进行检测

总监办累计计量监理服务费 13382493 元，累计支付 13948497 元（动员预付款 566004 元）；两座大桥监理累计计量监理服务费 820589 元，累计支付 1230169 元（动员预付款 409580 元）。

（二）工程进度控制

合理控制进度，统筹规划，科学部署，严格审核施工组织设计中人、材、机的配置是否满足项目施工的强度要求，以及审核进度计划安排是否满足合同工期要求，是否切实可行，并将审核意见与业主、施工单位进行交流，取得共识后由施工单位进行调整，施工时严格按调整后的进度计划进行。

施工过程中，及时检查对照施工进度是否按计划进行，每当实际进度比计划滞后时，及时分析原因，重点分析劳动力、材料、机械设备的数量是否满足现阶段施工需要，督促实施施工进度计划，使工程按计划完成。

进场各专业施工队伍多，根据各专业施工顺序积极协调，对各专业工艺搭接、穿插施工提前作出部署和安排，并及时进行各专业中间验收，确保工程总进度计划实施。

项目监理人员配置合理、有针对性，处理问题及时恰当，有效保证了工程施工的顺利进行，各合同段于 2020 年 8 月顺利完成设计的所有工作内容。

（三）合同管理监督

总监办根据施工承包合同对施工单位进场的主要机械设备的数量、规格、性能按合同要求进行监督、检查。对于因机械设备不到位而影响工程的工期、质量的，及时发出监理通知，要求承包人按合同及时进场到位，并将情况汇报业主；按施工承包合同监督施工单位主要技术、管理人员的构成、数量与合同所列名单是否相符，对不称职的主要技术、管理人员提出更换要求。如承包人管理人员因特殊原因调换，则按规定进行素质考核，以确定其业务能力是否胜任该项工作。

四、工程变更监理

在施工过程中，严格按照工程设计变更管理的相关规定，严格坚持变更程序，认真审查工程变更的合理性、准确性、完整性，认真对承包人上报的工程变更计算的方法、原始数据、工程量进行审核。在施工过程中发生变更的具体情况如下：

第一合同段：累计申报变更204份，其中0#变更核增2864121元，后续变更批复203份，批复核增金额62942618元。

第二合同段：累计申请变更290份，其中0#变更核减金额1398880元；一般变更288份，变更核增金额49936574元；较大变更1份，变更核增金额33360985元。

第三合同段：累计申请变更21份，其中0#变更1份，变更核减金额为2254275元；一般变更19份，其中核增变更16份，变更核增金额为5983669元；较大变更1份，变更核减金额为：14687168元。

第五篇 施工管理篇

概　述

从 2017 年本期“波墨公路整治改建工程”启动到 2020 年完工，波墨公路的修建历经三年时间。三年中，建设单位精心组织、高效管理、科学施工，数千名建设者们齐心协力，以百折不挠的精神和一往无前的勇气，克服了泥石流、雪崩、塌方、地震等多种频发地质灾害带来的不利影响，与雨水、毒虫抗争，在保通难度极大的情况下，按时、高质量地完成了建设任务，为墨脱人民奉献了一条安全、通畅的生命通道，书写了公路筑路史上的又一个精彩篇章。

第一章　第一合同段

一、第一合同段工程概况

（一）工程简介

波墨公路整治改建工程第一合同段施工单位为山西路桥建设集团有限公司。

该标段除起点异地新建扎木大桥段和嘎隆拉隧道段按三级公路标准建设外，其余路段按山岭重丘区四级公路标准进行建设，困难地段适当降低技术指标。路线起点位于 318 国道线 K4010+800 处，起点桩号 K0+000，标段终点桩号 K62+830，路线全长 62.097 千米。中标合同总造价为 4.0766 亿元。该标段 2017 年 11 月正式开工，于 2020 年 9 月完成合同约定全部内容。

（二）主要技术指标

该合同段起点扎木大桥新建段及嘎隆拉隧道段采用三级公路标准，设计速度 30

图 5-1-1　桥梁湿接缝施工

千米 / 小时；其余路段采用四级公路标准，设计速度 20 千米 / 小时，路基宽度 4.5—6.5 米，汽车荷载标注：公路 – Ⅱ级。在施工中，为便于道路养护保通和公路的后期营运，根据现场实际情况和各方意见，将部分有条件的路段做了适当拓宽。

表 5–1–1　国道 559 线波密至墨脱公路整治改建工程第一合同段主要技术标准表

序号	技术指标名称	单位	起点扎木大桥新建段	嘎隆拉隧道段	一般路段	隧道出口回头曲线群	打尔曲回头曲线群
1	里程桩号		K0+000—K0+759.817	K22+000—K25+600	K1+626.585—K22+000，K29+000—K49+000，K52+800—K62+830	K22+000—K29+000	K49+000—K52+000
2	里程长度		0.759	3.6	50.403	3.4	3.805
3	地形		山岭区	山岭区	山岭区	山岭区	山岭区
4	公路等级		三级	三级	四级	四级	四级
5	设计速度	千米 / 每小时	30	30	20	20	20
6	路基宽度	米	19.5	7.5	4.5（6.5）	4.5	4.5
7	平面线形						
	一般最小半径	米	40	30	15	8	8
	不设超高半径	米	150	350	150	150	150
8	纵断面线形						
	最大纵坡	%	7	8	10	10	14
	凸型一般最小竖曲线半径	米	400	400	200	200	200
9	汽车荷载等级		公路 – Ⅰ级	公路 – Ⅱ级			
10	大、中、小桥、涵洞、路基设计洪水频率		（新建扎木大桥 1/100）（其他大、中桥 1/50）（小桥涵 1/25）				

（三）主要完成工程

（1）路基工程：路基挖方 34.64 万立方米，路基填方 15.51 万立方米，防护工程：12.35 万立方米；边沟 38706 米；浆砌片石护面墙 11647.03 立方米；锚杆框架梁 859.48 立方米。

（2）路面工程：20 厘米水稳砂砾基层 28.42 万平方米；SBS 改性沥青混凝土面层 26.71 万平方米；水泥混凝土面层 7.45 万平方米。

（3）涵洞工程：新建盖板涵 246.85 米 /32 道；新建波纹管涵 666.37 米 /79 道；接长利用盖板涵洞 91.15 米 /27 道；接长利用钢波纹管涵洞 135 米 /42 道；整治利用盖板涵洞 199.1 米 /30 道；整治利用钢波纹管涵洞 80.5 米 /10 道。

（4）桥梁工程：新建大桥 188.08 米 /1 座、中桥 289.6 米 /8 座、小桥 205.2 米 /9 座，钢桁架桥梁 59.28 米 /2 座，完全利用桥梁 129 米 /2 座。

（5）隧道工程：棚洞 268 米 /3 道。

（6）交安工程：混凝土护栏 19356 米；波形护栏 8348.85 米；标志标牌 276 块。

表 5-1-2 第一合同段设计与实际工程量统计表

序号	项目		单位 设计	数量	
				实际	设计
1	路线全长		千米	62.097	62.097
2	路基挖方		立方米	291193.6	346439.62
3	路基填方		立方米	170644	155119.6
4	浆砌片石边沟、排水沟		万立方米	0.53	0.0523
5	混凝土边沟、排水沟		万立方米	1.2735	1.6136
6	浆砌挡墙		万立方米	0.7614	0.7241
7	混凝土挡墙		万立方米	8.5858	11.6270
8	桥梁工程	大桥	座	1	1
9		中桥	座	7	8
10		小桥	座	9	9
11		钢桁架桥梁	座	1	2
13	隧道工程	明洞 / 棚洞	道	3	3
15	涵洞工程	新建盖板涵	米 / 道	400.9 米 /54 道	246.85 米 /32 道
16		新建波纹管涵	米 / 道	47.75 米 /24 道	666.37 米 /79 道
17		接长利用盖板涵	米 / 道	88.15 米 /24 道	91.15 米 /27 道
18		接长利用波纹管涵	米 / 道	118.5 米 /34 道	135 米 /42 道
19		整治利用盖板涵	米 / 道	619.45 米 /90 道	199.1 米 /30 道
20		整治利用波纹管涵	米 / 道	193.8 米 /29 道	80.5 米 /10 道
21	路面工程	水稳砂砾基层	平方米	236764	284152
22		沥青面层	平方米	210583	267106
23		水泥混凝土面层	平方米	25592	74482
24	交安工程	混凝土护栏	米	16742	19356
25		波形护栏	米	11346	8348.85
26		标志标牌	块	282	276

二、第一合同段组织机构

（一）管理机构设置

（1）项目经理部管理层：项目经理1人、总工1人、项目副经理4人，项目党委书记1人，综合办公室1人，共8人。

（2）项目部下设“七部二室一队”，由施工管理部、安全部、工程技术部、合同部、物设部、质量环保部、财务部、中心试验室、测量队、综合办公室共75人组成。负责工程施工和具体业务管理工作。

（3）项目部下设操作层：3个混凝土拌和站、1个路基队、1个桩基队、2个桥梁下部及桥面系施工队、1个T梁架设队、1个隧道队、8个路基防护队、10个涵洞通道队、1个路面施工队。

（二）主要设备投入

项目原计划投入罐车23台，50装载机6台，30装载机9台，挖掘机16台，吊车8台，塔吊3台，随车吊5台，自卸车12台，摊铺机台，水稳拌和站2座，混凝土拌和站3座，沥青拌和站1座。由于施工现场地形复杂，转弯半径较小，泥石流、雪崩等自然灾害较多，比原定计划多投入挖掘机5台，50装载机3台，散装水泥运输车3台（正常水泥运输车无法通过嘎隆拉隧道出口回头曲线），随车吊2台，自卸车8台。其余小型设备及交通车辆等未列入。

图5-1-2 波墨公路进行路面施工

三、第一合同段的质量管理

（一）质量目标

工程质量符合工程一次验收合格率100%；工程质量全部达到合同要求。

该标段交工验收工程质量评分大于95分的比例在95%以上，合同段工程质量评分98分；交工验收的工程质量评定为合格。

（二）质量控制措施

为了保证质量目标的实现，项目部建立了严格的质量保证体系，实行专检、自检、互检、交接检相结合的质量检查体。成立了以项目经理为组长，项目总工为副组长，各部门负责人为组员，各作业队质检员参与的质量管理小组，负责整个合同段的质量管理工作，形成了一条以施工方案为指导、以材料质量为前提、以试验检测为依据、以监控量测为标准，以施工自检为核心的质量控制链，充实和完善了质量管理体系建设，使工程质量达到一次验交合格率100%，具体实施中有以下控制措施：

（1）按照ISO9001质量体系要求，建立完善的质量管理体系和质量保证体系，制定创优规划，使每道工序都在严格的质量监控之下进行、实行全面质量管理。

（2）根据工程项目特点组织精明强干的施工队伍，明确分工，加强协作，注重上道工序与下道工序间的密切配合。

（3）各单项工程、各工种均实行项目负责制和岗位责任制，质量指标直接与施工人员收入挂钩，奖优罚劣、重奖重罚，分项、分部工程质量指标均列入奖罚内容。

（4）采取多种形式对项目全员进行质量教育，树立“百年大计，质量第一”的思想，强化项目全员的质量意识，施工前有针对性地进行各工种的技术培训，提高施工人员的操作技能，为创优质工程创造条件。

（5）为确保每道工序的施工质量，项目部针对每一分项、分部工程分别编制专项施工方案及作业指导书。该项目编制桥涵专项施工方案14份，路基防护工程专项施工方案7份，路面工程专项施工方案7份，交安工程及棚洞工程4份，其他雨季、冬季、保通等专项方案13份，其中专家评审方案4份。根据专项施工方案制定作业指导书52份。项目部还不定期召开技术交流会和技术交底会，及时解决施工过程中的技术难题，及时传达每道工序的施工工艺和技术要点，做到了纵向到底，横向到边，层层落实，权责清晰，为施工质量把好技术控制关。

（6）为确保进场材料质量，项目部主要从以下几个方面进行管控：其一是把好外购材料源头关，外购原材料必须有材质证明，随车到场，到场材料经过试验确定合格后方可进场；半成品、成品必须有质保书、合格证。其二是把好进场材料检测关：所有进场材料必须经施工、监理通过检验和验证试验合格后方能用于工程实体。其三是材料保管：做到了存放期内不损坏、不变质、不丢失。对于委托厂家制造的材料，比如钢桁架桥梁构件加工，项目部邀请总监办试验人员一同到厂全过程进行指导和监督，从原材加工、委托检测直至出厂合格证书的签发，为施工质量把好了材料控制关。

（7）项目部根据相关要求设立工地试验室，履行相关试验检测的施工自检职责。对于批复检测范围以外的试验检测项目以及对试验检测结果有争议的项目，委托第三

图 5-1-3 被泥石流冲毁的波墨公路

方试验检测机构出具的检测合格报告并经监理试验室验证试验，真正做到了施工前有试验数据，过程中有检测手段，完工后有资料凭证，充分发挥了试验检测、验证数据指导施工的作用。

（8）对于施工过程中的重要危险部位，比如棚洞工程顶板采用满堂支架施工，项目部也采取了施工自控措施，通过布设及监控观测点，每天进行观测，确定变形限值，确保了施工过程支架结构安全，为施工质量把好监控量测关。

（9）施工自检是施工过程的日常内容，也是施工质量的核心控制措施。项目部设立了质检部门，制订了一系列的质量管理规定，质检工程师深入现场，对原材料、配合比、混凝土强度、几何尺寸、钢筋间距、保护层厚度、外观质量等各个环节进行质量控制，严格执行自检、互检、交接检三检制度，使各项工程的施工质量始终处于受控状态，为施工质量把好了施工自检关。

（三）工程质量评价

为了加强对整个工程及各分项、分部工程质量的控制，达到分项保分部，以分部保单位，以单位保项目整体质量的目标，在遵照项目办及监理单位要求以及相关规范资料的基础上，进行了资料评定单元划分。在施工过程中，根据工程进展情况，安排评定工作，并结合日常的工程质量控制与跟踪，对评定中发现的缺陷及时弥补，确保质量目标的实现。

本合同段强化质量管理，严格按照规范及设计要求施工，到 2020 年 9 月 20 日全面优质地完成了合同段内的所有施工任务，依据《公路工程质量检验评定标准》（JTG F 80/1—2017），自检评定合格，单位工程自检汇总评分为 98.4 分，合格率为 100%。

四、第一合同段的进度控制

（一）组织安排确保工期

项目建立强有力的工期保证组织机构，以组织保工期。每月由项目经理主持召开生产总调度会，总结上月施工情况，安排下月施工任务；及时解决内部矛盾、协调各队之间和各职能部门之间的关系；明确施工机械设备、生产物资和劳动力安排计划；并对资金进行合理分配，保证施工计划的落实和完成。各级领导严格执行“看一观二计划三”的原则，提前为下道工序的施工，做好人力、物力和机械设备的准备，施工过程环环相扣。建立奖罚严明的经济责任制，奖优罚劣，奖勤罚惰。

（二）计划安排保证工期

项目部科学的编制了实施性施工组织设计，运用网络技术，选择最优施工方案，做到了点线明确、轻重分明，施工计划合理、可靠，资源配备得当。在施工过程中做到了精心组织、全面协调、均衡安排、有序施工。

（三）技术保证工期

（1）项目部总工程师全面负责项目的施工技术管理，项目设置工程技术部，专门制定施工方案，编制施工工艺，并解决施工中出现的问题，以方案指导施工，有效防止了返工现象。

（2）实行图纸会审制度，在工程开工前由总工程师组织有关技术人员进行设计图纸会审，及时向业主和监理工程师提出施工图纸、技术规范和其他技术文件中的错误和不足之处，使工程顺利进行。

（3）选用设备时采用较新的机械设备，调整施工工艺，尽量压缩工序时间，安排好工序衔

图 5-1-4 挡墙墙背回填夯实

接，统一调度指挥，平衡远期和近期所发生或将发生的各类矛盾，使工程按部就班地有节奏地进行。

（4）实行技术交底制度，施工技术人员在施工之前及时向班组做好详尽的三级技术交底。

（四）资源配置保证工期

项目经理部设中心试验室，严把工程材料质量关。物资设备部着重管理材料采购、供应，备足雨季、冬季等施工用料，特殊材料提前储备（如路面施工防雨棚；冬季施工保温材料等），并拓宽供应渠道，避免因材料短缺而造成停工等待。对重点工程提前计划人员需求，及早安排，保证人员按时到位，使劳动力始终满足施工需求。

在施工过程中由于雨季、冬季施工影响，便道、便桥冲毁，或泥石流、雪崩频发等情况，抢险保通工作占用时间较长，加上雨雪天气造成停工等原因，项目加大人员、设备投入，并加强设备保养、利用停工时间进行技术培训及施工准备工作，充分利用有效施工时间进行施工，保证了施工进度。

通过上述有效的进度控制措施，总工期内所有施工内容完成率100%，主要工期节点目标完成率≥100%，比合同要求完工日期提前2个月完成。

五、第一合同段的安全管理及文明施工

（一）施工安全

（1）针对本期工程项目部制订了详尽的安全生产规章制度与文明施工管理办法。设立了专门的施工安全组织机构，成立了以项目经理为组长、项目总工、副经理为副组长的安全生产领导小组。各级设立专职安全员，领导小组负责组织安全生产计划的编制实施，了解施工中存在的安全隐患，督促检查安全保证体系的运转情况，及时制定切实可行的安全保证措施，保证安全保证体系的有效运行。

（2）建立由项目副经理、项目总工程师、项目安全员和施工人员负责的安全生产责任制，做到分工明确，责任到人，分级签订了安全生产责任状。

严格落实安全生产责任制，该项目实行安全生产三级管理，即：一级管理由经理负责，二级管理由专职安全员负责，三级管理由班组长负责，各作业点设安全监督岗。完善各项安全生产管理制度，针对各工序及各工种的特点制定相应的安全管理制度，并由各级安全组织检查落实。明确各级管理人员和操作人员的安全职责，做到纵向到底，横向到边，各自做好本岗位的安全工作。

（3）项目设立安全部，配置专职安全管理人员6人，在施工过程中严格按照安全生产法及安全生产规章制度要求进行了安全生产教育、安全生产检查、安全管理目标考核、文明施工管理等工作。进行安全生产教育80余次，受教育施工人员535人；安全生产检查共进行160余次，下发整改通知34份，已全部整改完成。

图 5-1-5 抢通损毁道路

施工过程中认真执行业主及总监办下发的有关安全文明施工文件要求，制定专项安全施工方案及应急预案（如雪崩、泥石流等），并定期组织应急演练，灾害发生时及时启动应急预案，并有效进行抢险工作，例如2019年3月嘎隆拉隧道附近发生多处大型雪崩，道路中断，项目部按照应急预案及时组织相关人员抢险保通，在机化队的配合下用最短的时间打通雪崩点，恢复道路畅通。

（二）文明施工

项目经理部在保证安全生产的同时，加强文明施工教育，具体包括：

（1）建立健全各项规章制度，工地现场悬挂文明施工标牌条幅、张贴宣传标语，采用多种形式向项目全员进行文明施工教育，提高全员文明施工意识。

（2）现场布置统一建临时房屋，统一室内配备、布置，统一现场标识。

（3）施工场地、便道、各种材料、机具等布置、堆放、停置有序，并进行标识，做好文明施工。

（4）教育全体员工遵纪守法、行为规范、文明施工，争创文明工地。

（5）尊重当地居民的生活习惯和民族风俗，搞好施工队伍与当地政府、人民群众的关系。

由于项目部对安全文明施工的高度重视，常抓不懈，施工过程中未发生一起较大安全事故，未发生一起地方事务纠纷。

六、第一合同段施工经验总结

（一）施工安全第一

施工安全是工程能否顺利进行的重要条件及有力保障。在工程建设中，在各种自然灾害及蚊虫等侵扰的情况下，有效保证人员安全是重中之重。

（二）保通重中之重

本期项目为原有道路整治改建工程，墨脱县及边防物资运输仅此一条道路，道路狭窄局部仅能通行一辆车，保通难度极大，加上雪崩、泥石流、塌方等各种自然灾害频发，一旦发生，项目立刻调集人员、机械进行抢险，恢复道路畅通。据统计，项目自2017年开工以来，累计发生泥石流74次，山体崩塌63次，滑坡36次，雪崩38次。截至2020年9月10日已抢险保通230次，挖掘机、装载机1350余台次，爆破40多次。因泥石流、山体崩塌等自然灾害的发生而累计断通67天。抢险保通对施工进度、项目成本控制影响巨大，项目部时刻关注各种险情，抓紧时间抢通道路。

（三）高度重视细节

项目部对高边坡、临崖路段及不良地质路段高度重视，积极与业主、设计、监理等各方沟通，对方案、施工高要求，并提前谋划，保障工期。

第二章　第二合同段

一、第二合同段工程概况

（一）项目简述

波墨公路整治改建工程第二合同段施工单位为中铁十局集团西藏工程有限公司。项目 2017 年 11 月正式开工，于 2020 年 5 月完成了合同约定全部内容。

第二合同段路线起点位于波弄贡（80K）附近，起点桩号 K62+830，在 108K 处跨越金珠曲，再经冷多、米日、玛迪，跨西莫河，到达墨脱县莲花广场，终点桩号 K113+950.277，路线全长 50.762 千米。

（二）合同段起止时间

项目自 2017 年 11 月 7 日正式开工，2020 年 5 月 25 日完工，实际工期 31 个月。

（三）合同段主要工程内容

第二合同段主要工程内容包括：路基工程，路面工程，桥梁、涵洞工程、隧道工程、交安工程、绿化及环境保护工程。

图 5-2-1　施工中的波墨公路

表 5-2-1　　**主要完成工程数量表**

序号	主要工程	单位	合计工程量	备注
一	路基工程			
1	现浇混凝土边沟、急流槽	米 / 立方米	48711.2/11018.6	含米 10 浆砌片石 3218/1445
2	挖方	万立方米	22.11	挖方（含改河）
3	填方	万立方米	10.46	
4	桥头路基处理	立方米	24088.4	
5	低填浅挖路基处理	立方米	73137.7	
6	Φ16 锚杆	米	19287.7	
	Φ25 系统锚杆	米	21983	
	Φ25 预加固锚杆	米	28392	
	Φ32 锚杆	米	16225	
	干砌片石	立方米	213.5	
	C20 片石混凝土	立方米	130936.452	
	C20 现浇混凝土	立方米	6410.81	
	C20 喷射混凝土	立方米	0	
	喷 C20 早强混凝土	立方米	0	
	C25 现浇混凝土	立方米	0	
	C30 混凝土	立方米	8506.315	
	米 10 浆砌片石	立方米	25863.19	
	钢筋石笼	立方米	4542.4	
	主动网	平方米	51093	
	被动网	平方米	5072	
	盲沟	米	5725.02	
	孔径 22 厘米钢轨桩	米	0	
7	ϕ120 厘米桩基	米	255	渡槽：K63+945—K63+960，K64+945—K64+960，K64+988—K65+003，K71+018—K71+033
	C30 下部结构混凝土	立方米	961.6	
	C30 重力式台扩大基础	立方米	268.8	
	GJZ 支座（400 毫米 ×450 毫米 ×99 毫米）	套	20	
	C40 防水混凝土槽身	立方米	768.8	
	C25 片石混凝土导流槽	立方米	666.2	
	米 10 浆砌片石出口铺砌	立方米	160	
8	ϕ140 厘米桩基	米	259.5	桩基础挡墙 K111+411—K111+525 右侧
	C25 挡墙承台	立方米	216	
	C20 片石混凝土挡墙墙身	立方米	275.2	
	C20 片石混凝土挡墙基础、护坦	立方米	266.8	抗滑挡墙 K111+411—K111+525 左侧
	C20 片石混凝土挡墙墙身	立方米	1048.8	

续表 5-2-1

序号	主要工程	单位	合计工程量	备注
二	涵洞工程		0	
1	拆除重建、新建盖板涵	米 / 道	225.06/37	
2	拆除重建、新建钢波纹管涵	米 / 道	610.86/83	
3	接长利用钢波纹管涵	米 / 道	86.54/26	
4	整治利用盖板涵、钢波纹管涵	米 / 道	320.5/51	
三	桥梁工程		0	新建 5 座，加固利用 1 座
1	ϕ 120 厘米桩基	米 / 立方米	600	
2	C30 承台	立方米	604.1	
3	C25 片石混凝土台身	立方米	801.8	
4	C30 台帽、侧墙	立方米	77.5	
5	321 型钢桁架	公斤	230101	
6	200 型钢桁架	公斤	75309	
四	隧道工程			明洞
防护结构	Φ22 砂浆锚杆	公斤	5780.1	
	C25 喷射混凝土	立方米	1855.35	
	C30 混凝土基础	立方米	4333.95	
	米 15 浆砌片石回填	立方米	0	
主体结构	C40 防水混凝土仰拱	立方米	550	
	C25 混凝土中心排水沟	立方米	0	
	C15 片石混凝土仰拱回填	立方米	429.75	
	C25 混凝土电缆沟回填	立方米	81	
	C40 防水混凝土边墙、拱部	立方米	777.75	
	C30 混凝土偏压挡墙	立方米	1994.18	
	C30 混凝土洞门墙	立方米	1020.73	
	C40 防水混凝土护拱	立方米	1010	
	C20 片石混凝土拱顶回填 + 铺砌	立方米	6718.75	
	碎、块石拱顶回填	立方米	4396.8	
	C30 片石混凝土导流堤	立方米	862.8	
附属结构	C40 混凝土电缆沟、边水沟	立方米	12	
	24 厘米厚水泥混凝土板	立方米	525.03	
五	路面工程		0	
1	20 厘米厚天然砂砾垫层	平方米	0	
2	20 厘米厚 5% 水泥稳定碎石基层	平方米	307173.43	
3	改性乳化沥青稀浆封层	平方米	0	厚 6 毫米

续表 5-2-1

序号	主要工程	单位	合计工程量	备注
4	细粒式改性沥青混凝土	平方米	0	厚 5 厘米（AC-13C）
5	厚 250 毫米（混凝土弯拉强度 4.5MPa）	平方米	297012.04	
6	C20 混凝土硬路肩	米 / 立方米	0	
7	挖除 22 厘米厚旧混凝土路面	平方米	83237.6	
8	砸压旧混凝土路面	平方米	322	
9	C30 混凝土埋板	平方米	0	
六	交叉工程		0	
1	20 厘米天然砂砾砂石路面	米 / 平方米	1115	
七	交通安全设施及预埋管线		0	
1	2 米波形梁护栏	米	11900	
2	C25 钢筋混凝土护栏	米 / 立方米	33825.05	
3	热熔标线	平方米	1834.9	
4	减速震动带	平方米	2187	
5	减速丘	平方米	616.2	
6	橡胶减速带	米	371.5	
7	单柱交通标志	个	550	
8	单悬臂式交通标志	个	3	
9	轮廓标	个	2412	
10	里程碑	个	51	
11	公路界碑	个	924	
12	附着式轮廓标	个	5482	
13	公示牌	个	32	
14	诱导标	个	150	

二、第二合同段机构组成

（一）管理机构设置

为确保该项目的顺利实施，切实履行合同义务，项目公司成立了“国道 559 线波密至墨脱公路整治改建工程第二合同段项目经理部”，全面负责此段项目的施工生产、质量管理、进度控制、中间计量、技术联系、竣工结算等一切事宜。项目部设置项目经理 1 人，总工程师 1 人，下设工程技术部、安质环保部、计划财务部、机械物资部、工地试验室、综合办公室 6 个职能部门。

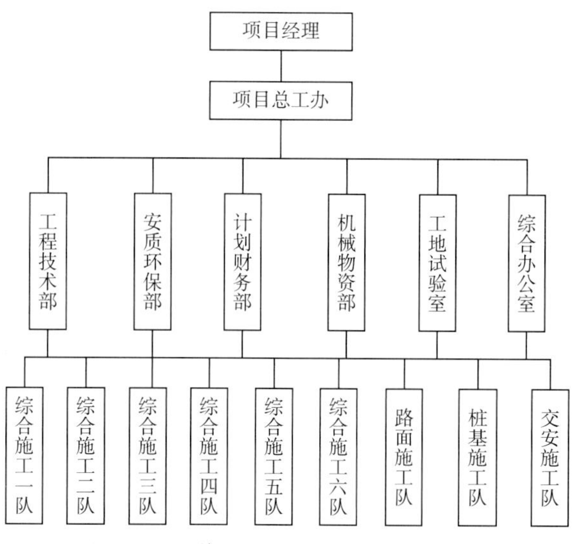

图 5-2-2　第二合同段项目部组织机构图

（二）主要人员投入

公司充分考虑到此项目的特殊性和复杂性，除了安排合同规定的履职人员以外，还抽调出管理经验丰富、施工技术过硬的桥梁工程师、试验工程师、质检工程师等工程技术人员进入此项目，进一步夯实了体系建设基础。

（三）主要设备投入

根据总体施工方案部署，公司在施工过程中设备按计划、分阶段进行了投入，对相关工程部位的主要设备做到了独立使用，实行了周转设备相互补充的机制，通过科学组织，保障了设备的使用率，满足了施工进度的要求，总体符合合同约定和项目办管理的要求。

表 5-2-2　机械设备投入表

	设备名称	规格	单位	数量	备注
1	推土机	TSH200	台	3	完好
2	压路机	TY36	台	6	完好
3	装载机	L968F	台	12	完好
4	挖掘机	WY2.5	台	20	完好
5	水泥混凝土搅拌站	HZS90	套	7	完好
6	混凝土运输罐车	XSJS270	台	40	完好
7	汽车吊	20T	台	2	完好
8	钻机	HGJ150	台	15	完好

续表 5-2-2

	设备名称	规格	单位	数量	备注
9	碎石机	PE750*1060	台	3	完好
10	数控钢筋弯曲机	JAP-13	台	3	完好
11	自卸汽车	10t	辆	30	完好
12	数控钢筋调直机	GTJ8-14	台	3	完好
13	钢筋剪切机	XQ-120	台	3	完好
14	电焊机	32kV·A	台	15	完好
15	发电机组	800kW	台	2	完好
16	发电机组	400kW	台	2	完好
17	发电机组	150kW	台	4	完好
18	发电机组	60kW	台	40	完好
19	电子汽车衡	120T	台	3	完好
20	水泥稳定碎石拌和设备	WCD400	套	2	完好
21	洒水车	东风 16T	台	2	完好
22	装载机	ZL50A	台	10	完好
23	空压机	$3m^3$/min	台	9	完好
24	凿岩机	20t	套	6	完好
25	岩芯钻机		套	6	完好

三、第二合同段的质量管理

施工合同中约定交工验收工程质量评定等级达到合格标准，竣工验收工程质量评定等级达到优良标准。为确保任务目标的达成，在施工中公司实施了以下质量管理措施：

（一）质量控制措施

施工质量是工程建设的核心，是决定项目成败的关键。针对此项目设计要求高，施工难度大的特点，公司成立了以项目经理为组长，项目总工为副组长，各部门负责人为组员，各作业队质检员参与的质量管理小组，负责整个合同段的质量管理工作，形成了一条以施工方案为指导、以材料质量为前提、以试验检测为依据，以施工自检为核心的质量控制链，充实和完善了质量管理体系建设。

1. 技术控制关

为确保每道工序的施工质量，项目部对一般工序制定作业指导书，对重要部位或重要工序编制专项施工方案，按由低到高的顺序划分为作业指导书、C、B、A 四个等级，依次进行项目自评→分公司审查→总公司审查→专家评审的一道或者全部流程，合格后才能进行施工方案的报批审查工作。项目部共编制通用作业指导书 14 份，包括片石混凝土挡墙、浆砌片石挡墙、路基土石方工程、排水工程、锚杆框架梁、主动防护网、被动防护网、护面墙、钢筋石笼、水泥混凝土盖板涵、钢波纹管涵、桥梁钢桁架、交安工程、水泥稳定碎石基层；C 类方案 2 份，包括爆破施工、桩基施工；B 类方案 3 份，包括水泥混凝土路面、明洞施工、渡槽支架施工；A 类方案 1 份，为施工组织设计。项目部还不定期召开技术交流会和技术交底会，及时解决施工过程中的技术难题，及时传达每道工序的施工工艺和技术要点，做到了纵向到底，横向到边，层层落实，权责清晰，为施工质量把了好技术控制关。

2. 材料控制关

为确保进场材料质量，项目部主要从以下几个方面进行质量控制：①源头关：外购原材料均须有材质证明，材料到场时，物资部、工程部、试验室联合对材料进行验收并检查材质证明，对合格的材料允许入库，对不合格材料清退出场，共清退不合格钢材 2 批次，不合格水泥 4 批次。自采原材料质量均经过了试验检测，合格材料及时入库，不合格材料清除出场，共清除不合格砂石料 3 批次；半成品、成品均有质保书、合格证，材料到场时，物资部、工程部、试验室联合对材料进行验收并检查材质证明，对合格的材料允许入库，未出现不合格材料。②检测关：所有进场材料均经施工、监理、业主三方通过检验和验证试验合格后用于工程实体。③保管关：必须确保存放期内不损坏、不变质、不丢失，钢材类材料做到下垫上盖，水泥类材料均存放于水泥库内或水泥罐内，砂石料存放于料场，其他零星材料放置于物资部仓库内。对于损坏、变质的材料

图 5-2-3 明洞第 13 模二衬浇筑 C40 混凝土

均做到了及时清除出场。

3. 试验检测关

项目部设立了设备齐全的工地临时试验室，履行工程相关试验检测的施工自检职责。对于资质以外的试验检测项目以及对试验检测结果有争议的项目，均委托第三方试验检测机构进行检测，第三方检测机构出具的合格报告并经监理试验室进行了验证试验，真正做到了施工前有试验数据，过程中有检测手段，完工后有资料凭证，充分发挥了试验检测、验证数据指导施工的作用。

4. 施工自检关

施工自检是施工过程的日常内容，也是施工质量的核心控制措施。项目部设立了质检部门，制订了一系列的质量管理规定，质检工程师深入施工现场，对原材料、混凝土配合比、混凝土强度、几何尺寸、钢筋间距、保护层厚度、外观质量等各个环节进行质量控制，严格执行了自检、互检、交接检三检制度，为施工质量把好了施工自检关，使各项工程的施工质量始终处于受控状态。

（二）完工质量评价

通过对本合同段分项、分部以及单位工程的质量自检评定，单位工程合格率为100%，合同段工程质量自检评定得分 96.5 分，合同段质量等级为合格。

四、第二合同段施工进度控制

施工进度控制目标：合同总工期 36 个月，项目于 2017 年 11 月 7 日正式开工建设，于 2020 年 5 月 25 日完成合同约定内容，较合同工期提前 5 个月。

根据项目特点，项目部制定了施工进度控制总体规划三阶段：第一阶段为防护施工期，主要进行路基挡防工程施工、涵洞工程、明洞工程、桥梁下部结构施工，为第一个年度目标；第二阶段为路基土石方施工期，主要进行路基盲沟、低填浅挖、翻挖回填、换填、挖方、填方施工，为第二个年度目标；第三阶段为路面、交安工程施工期，主要进行水泥稳定碎石基层、水泥混凝土面层、交安工程施工，为第三个年度目标。

1. 第一个年度目标

由于标段所在路段路基狭窄，而波墨公路为进出墨脱县城的唯一道路，挡防工程面临边施工边保通的局面；涵洞工程需要半幅开挖、半幅施工，且要做好开挖后的临时防护；明洞施工的首要任务为建好便道，便道通车后才能进行明洞施工。项目部按照“全面有序、突出重点、超前安排、分解落实”的原则，加大资源投入，狠抓现场生产，在保证工程质量的前提下最大限度的加快施工进度。

2. 第二个年度目标

在面临保通压力的同时，既要面对过往车辆对路基施工的影响，还必须面对水害对路基施工的重大影响。由于线路较长、土石方工程点多面广，必须加大投入，将保通影响、水害影响降到最低。针对此特点，项目部精心组织、倒排工期、详细分解，狠抓重难点，将影响计划目标的各个环节一一列举，逐项解决。

3. 第三个年度目标

由于全标段为水泥混凝土路面，且为单行道，如何处理施工与保通之间的矛盾，成了第三个年度目标的最大难点。得益于项目办与墨脱县政府的大力支持，采取了交通管制措施，每月有半个月时间施工、半个月时间通车，这才兼顾了路面施工与保通问题。总工期内所有施工内容完成率 100%；主要工期节点目标完成率≥100%，比开工令要求完工日期提前 5 个月。

图 5-2-4 工人在清理边沟并进行护栏施工

表 5-2-3　　较大变更对比表

	原设计情况	变更后情况
设计方案	国道 559 线第二合同段（K62+830—K113+950.277）路面原设计方案为：200 毫米厚砂砾垫层 +200 毫米厚 5% 水泥稳定砂砾基层 + 改性乳化沥青稀浆封层 +50 毫米厚细粒式改性沥青混凝土（AC-13）。路肩为 C20 现浇混凝土加固土路肩。	国道 559 线第二合同段（K62+830—K113+950.277）路面变更后方案为：200 毫米厚 5% 水泥稳定碎石基层 +250 毫米厚水泥混凝土路面（混凝土抗弯拉强度 4.5MPa），取消 C20 现浇混凝土加固土路肩，C20 现浇混凝土加固土路肩所占宽度变更为 250 毫米厚水泥混凝土路面（混凝土抗弯拉强度 4.5MPa），与行车道混凝土路面一次浇筑。
投资金额（元）	51159106	84520091
变更增加金额（元）	33360984	
变更理由	1. 地质气候特征。第二合同段路线基本上是依山傍水的沿溪线，沿线道路状况及区域内地质构造复杂、地形陡峻、降水量大、河道冲刷强烈、坡体稳定性差、地质灾害多六项为国内之最。水泥混凝土路面的最显著特点是它具有很大的刚度以及良好的抗疲劳特性，相比较沥青路面，水泥混凝土路面具有足够的强度和耐久性。因此有必要对路面结构层进行加强，提高道路抗灾能力，延长道路使用寿命。 2. 地质病害。第二合同段正处于气候温润，年降雨量大的地段，从每年 5 月至 10 月，特别是 6、7、8 三个月雨季期间降雨量大且持续时间长，路线经过段发生崩塌、滑坡、泥石流、落石等自然灾害多，特别是落石灾害随处可见，且这些地质病害具有很多不确定性，随时可能暴发，对建成路面完整性将造成较大影响。因此有必要对路面结构层进行加强，提高道路抗灾能力，延长道路使用寿命。 3. 交通量及荷载加剧。与波墨公路整治改建工程同期进行的墨脱县范围内的数百千米农村公路、抵边公路以及墨脱县城市基础设施建设工程，大量的钢材、水泥、油料等物资运输源源不断，且车辆超载严重，路面结构荷载加剧。因此有必要对路面结构层进行加强，延长道路使用寿命。 4. 施工保通、工期要求、救灾抢险、养护及其他。 ①第二合同段多为 4.5 米路基狭窄路段，无法开辟施工便道，而该道路又是唯一一条抵城通道，边施工边放行成为常态，保通压力巨大，只能从施工工艺上解决工期进度、工程质量和保通的矛盾，因此有必要对路面结构层进行加强。 ②路面结构层的加强，可有效减轻抗险救灾和日常道路清理养护中重型机械上路对路面造成的损害。 ③根据施工现场实际情况，结合气候影响，从工程施工可靠度、变异水平等级、工程实施难度综合考虑其变量，对路面结构层进行加强，能有效保障工程质量。 综上所述，为了更好地适应公路建设区的环保要求、气候、抗灾性等，将第二合同段路面结构由沥青路面变更为水泥混凝土面板和碎石水稳基层，设计水泥混凝土面板厚度由 24 厘米调整为 25 厘米，可有效提高路面结构的耐久性、安全性和抵御自然灾害的能力，延长道路建成后使用寿命。	

五、第二合同段的安全管理与文明施工

施工安全目标：认真贯彻“安全第一，预防为主，综合治理”的方针，在施工过程中做到不发生任何重大责任事故，并达到以下安全施工目标：无责任死亡事故、无机械设备重大事故、无重大火灾事故和无重大交通责任事故。

（一）施工安全

开工伊始，项目部就成立了以项目经理为组长，书记、总工程师为副组长，有关科室人员组成的安全领导小组，项目部设专职安全监察员，协作队设专兼安全员，层层签订安全责任书。制定了安全生产管理办法，实行安全技术交底制度、检查评比制度、教育培训与持证上岗制度、安全会议制度，安全检查整改反馈制度等，并结合项目部工程特点，对桥梁挖孔桩施工、明洞施工、渡槽上部结构高空作业、爆破、高挖方、高边坡等作为安全重点，制定专项安全方案和应急预案，进行安全交底。工地现场安全标识齐全、清晰、规范，工地用电安全可靠，操作手持证上岗，规范操作，职工安全自我防护意识强，安全措施到位。对每道工序安全技术工作安排有序，施工班组严格按安全交底进行施工，不论是地下作业或是高空作业，都能自觉佩戴安全帽、系安全绳、设防护网，专职安全员跟班作业及时消除隐患，真正做到了警钟长鸣，防患于未然。

图 5-2-5 下游塔柱 3 米第五模混凝土浇筑

（二）文明施工

工地现场的文明施工和规范化管理，主要体现在项目部、混凝土拌和站、钢筋加工棚、砂石料场、施工用电、明洞施工现场、便道便桥施工现场等方面。在工程开工的同时，组建由项目经理牵头的安全生产、文明施工管理和监督领导小组，负责组织和监督该工程文明施工措施的落实。对现场文明施工的直接管理由各部门负责安全、环保、保通方面的指导监督，各作业队及生产班组安全员同时兼文明施工监督员，负责本队、本班的文明施工监督。项目部还组织召开专题会议，要求全体员工了解并尊重当地民风民俗，尽量满足当地劳务需求和机械设备使用需求，将文明的精神融汇于施工作业的全过程。

由于项目部对安全文明施工的高度重视，常抓不懈，施工过程中未发生一起较大安全事故，未发生一起地方事务纠纷。

六、第二合同段的特殊施工措施

（一）雨季施工措施

第二合同段施工区主要受印度洋暖湿气流与西南季风影响。印度洋暖湿气流沿雅鲁藏布江及支流逆流而上，进入青藏高原东南内陆地区，气流强度由下游往上游逐渐减弱。同时因岗日嘎布山脉阻挡，沿嘎弄曲逆流而上的水汽不能越过山脉进入波密，导致波密与墨脱形成两个不同的气候区。波密属于温带半湿润高原季风气候，墨脱属于亚热带湿润气候区。

墨脱处于喜马拉雅山脉东南段斜坡地带，是印度洋暖湿气流进入高原的必经之路；同时受高原斜坡的阻隔，暖湿气流多滞留于此，使本区成为世界上降雨最丰富的地区之一；雨季每天暴雨瓢泼，峡谷中云飘雾涌，气流升降对流十分强烈。据统计资料显示，墨脱地区4—10月为雨季，其中6月、8月降水为最强，11—3月为旱季，降水稀少，均以降雪为主。

（1）原材料及机械保护措施：优化场地布置，垫高并搭设雨棚存放水泥、砂石料等易吸水、易流失材料，疏通清理站内及料场排水设施，避免机械泡在水中，影响正常生产。加强电子设备的防护。

（2）统筹安排：完善驻地及场、站的排水设施，配齐配足排水、防雨器具。

（3）其他主要措施：

①建立健全雨季施工安全、质量保证体系，明确责任和分工，做到人员、物资、措施三到位，认真贯彻落实各项管理制度。

②在总工期及分项工程的工期安排上预留一定的松动时间。雨天时尽量安排受影响较小的工程。

③加强与气象部门的联系，在来雨前及时通知各施工现场点、拌和场采用预防措施，同时合理安排各工序的施工。

④在雨季到来前，提前疏通排水沟、边沟、涵洞，以免雨水浸泡路基，并在已填筑到位的路基顶面设2%—4%的横坡，以利自然排水。

⑤备齐防雨、防洪材料、设备，作好材料存储、加工场地的排水，对施工原材料或半成品进行防雨覆盖，免于受浸泡淋湿。

（二）夜间施工措施

1.管理措施

（1）夜间施工时，做到晚交班早点名制度，应根据作业内容，制订周密的安全措施，进行针对性的安全技术交底，责任落实到人。

（2）所有参加夜间施工的作业人员必须认真贯彻夜间作业安全措施，安检人员进行监督、检查落实。尽量避免同一施工段范围内同时安排夜间交叉施工作业，如确

图 5-2-6　明洞小里程洞门模板安装

需交叉施工时，必须细化作业范围，采取有针对性措施预防交叉施工作业发生安全问题。

（3）施工前由专人负责检查照明设施是否配备齐全完好，作业车辆状态是否良好，运转是否正常。

（4）工具、材料提前在白天进行全面认真的检查，发现有质量问题的及时更换。

（5）夜间施工必须加强防护，必要时增加信息传递员，保证施工地点与防护人员联络畅通；施工用电设备必须有专人看护，确保用电设备及人身安全。

（6）夜间施工作业必须由作业负责人统一指挥，明确分工，并随时与防护人员保持联系。各道工序夜间施工时除当班的安全员、质检员必须到位外，还要建立安保人员巡查制度，发现问题必须立即解决。

（7）严格隐蔽工程检查报检制度，夜间必须进行隐蔽工程施工时，应按规定提前通知监理工程师到现场检查，未经监理工程师检查签证，禁止进行下一道工序施工。

（8）夜间施工作业结束后，施工负责人必须对作业现场认真检查，确保线路畅通。作业前和收工时要清点人员，人不到齐不准离开原地，作业中也要随时保持联系。

2. 安全技术保证措施

（1）夜间施工时工具、设备（施工车辆、发电机等）悬挂具有反光性质的黄色标志牌。

（2）进入作业现场的所有人员必须穿反光服装。

（3）雷雨、大风天气禁止夜间作业，禁止夜间高处作业，禁止夜间涉水作业；

图 5-2-7　在 K71+857 处进行动静载试验

（4）夜间作业人员必须配备有效的照明设备、通信设备。现场作业点集中固定时采用探照灯作为主要照明灯具，必须在场地适当位置装足够的照明设备，保证整个施工场地均有较好的照明，保证夜间施工有良好的照明条件。采用碘钨灯作为临时可移动照明灯具，用于重要施工部位，作为对固定式照明的补充。大型设备作业时其照明部件必须启动运转。作业人员可随身携带帽灯，监护、巡视等人员用手提式防爆探照灯或手电筒。

（5）夜间行动必须有 2 人或 2 人以上人员一起，禁止一人单独行动。

（6）施工中的深基坑、开挖沟槽等临时工程，应设置围栏，行人、车辆等交通要道必须设置反光警示标志、安装爆闪灯等警示标志。

（7）做好夜间施工防护，在危险地段（临近深坑、水塘、河边、大桥）作业地点附近设置警示标志，以提醒行人和司机注意，必要时安排专人值守。

（8）实施具有重大危险源的工程项目时，必须根据重大危险源的应急救援预案措施，做好随时启动应急预案的准备。

3. 夜间施工的环境保护措施

（1）现场周围有噪声敏感区域必须告知公路沿线村民，取得沿线村民的谅解。使用机械时尽量选择低噪声的设备，不得不采用大噪声的设备时，必须采取降噪措施。

（2）居民区附近夜间施工时必须遵守墨脱县相关部门对建筑工地监督管理的规定。

（3）夜间作业同时遵守项目施工的其他各项安全管理规定。

七、第二合同段施工经验总结

（一）总体规划的重要性

与新建道路相比，改建工程受到多方面的影响。主要影响就是保通，为了兼顾施工与保通，最大程度上减少两者的相互影响，总体的规划显得尤为重要。项目部与当地政府充分沟通，通过修建施工便道，便桥，门洞、交通管制等措施，既保证了施工，又保证了波墨公路这条生命线的正常运行。

（二）协同合作的重要性

一个成功的建设项目，离不开参建各方的协同合作。该项目自开工伊始，就受到来自各参建单位的关注、关心和支持。有业主单位的现场指导、鼓励和鞭策；有监理单位的深入工地、严格监理和热情服务；有设计单位的孜孜不倦、答疑解惑，更有施工单位的务实进取、开拓创新，才有了最终的合格答卷。过程经得起推敲，结果经得起检验，这就是对协同合作的最好诠释。

第三章　第三合同段

一、第三合同段工程概况

（一）项目简述

波墨公路整治改建工程第三合同施工单位为中铁十局集团西藏工程有限公司。此合同段自2017年11月签订施工合同后，进场积极开展施工准备工作，于2018年5月正式开工。

达国大桥和西莫河大桥是波墨公路整治改建工程项目控制性桥梁工程，桥型结构为地锚式钢桁架悬索桥，达国大桥主缆跨径75米，垂跨比为1/10，主缆间距8.05米，吊杆间距7.5米+22@3.0米+7.5米，引桥为2×15.0米+2×15.0米现浇箱梁；西莫河大桥主缆跨径120米，垂跨比为1/12，主缆间距8.05米，吊杆间距6.0米+38@3.0+6.0米，引桥为4×15.0米+2×15.0米现浇箱梁。

图5-3-1　锚碇施工

整治项目主要有：对桥塔及基础进行加固，在新塔顶设置新的索鞍；并为适应新主缆锚固的需要，对原有锚锭进行加大、加高处理，安装型钢锚固系统和散索装置；在新建的桥塔和锚锭上重新安装主缆、索夹、缆套、散索套等装置；将原有吊杆通过直拉杆接长逐根安装于新缆上。两座大桥主桥桁架及主桥桥面系为利用，道路等级为双车道公路四级，荷载标准为公路－Ⅱ级。

（二）合同段起止时间

第三合同段自2018年5月15日正式开工，2020年8月15日完工，实际工期27个月。

（三）合同段主要工程内容

第三合同段主要工程内容包括：改建两条施工

便道、新建两座永临结合钢桁架便桥、新建引桥、加固主塔和锚碇、更换主缆系统和接长吊杆。

表 5-3-1 主要工程数量表

序号	部位	项目名称	单位	实际完成工程量	备注
1	便道	路线长	米 / 条	1126.479/2	
		铺装路面	平方米	2151	C25 混凝土
		防撞护栏	米	64	C25 混凝土
		波形护栏	米	1278	Gr-A-4E 单面波形
		标线	平方米	616	热熔反光及振动标线
		标志标牌	个	28	
		砌体	立方米	2131.53	M7.5 砌片石
2	便桥	钢桁架永临桥	米 / 座	100.584/2	200 型公路钢桁架
		桥台	个	4	C25 混凝土
3	引桥	现浇箱梁	米 / 跨	150/10	C40 混凝土
		桩基础	米 / 根	552/32	C30 水下混凝土
		桥墩	根	20	C30 混凝土
		桥台	个	4	C25 混凝土
		防撞护栏	米	300	C30 混凝土
		桥面铺装	立方米	95.20	C50 防水混凝土
4	主桥	钢桁架加劲梁	米 / 座	207/2	完全利用
		桩基础	米 / 根	1431.3/90	C30 水下混凝土
		锚碇	个	4	重力式锚
		塔柱	个	8	矩形混凝土实心柱
		主缆	米 / 根	751.204/4	1770Mpa 高强钢丝
		直拉杆	根	248	40CrNiMoA
		主索鞍	套	8	ZG270-480H
		散索套	套	8	ZG20Mn
		索夹	副	198	ZG20Mn
		型钢锚固系统	千克 / 套	117675.47/8	Q235C
		主动防护网	平方米	1525	柔性钢绳网
		锚喷防护	立方米	388.10	C20 喷射混凝土
5	全合同段	钢筋及钢材	吨	2505.75	不含钢便桥
		混凝土	立方米	23847.20	不含桩基础混凝土
		土石方	立方米	43676.92	
		拆除工程	立方米	2594.50	

二、第三合同段机构组成

（一）管理机构设置

为确保该项目的顺利实施，切实履行合同义务，项目公司成立了“国道559线波密至墨脱公路整治改建工程第三合同段项目经理部”，全面负责该项目的施工生产、中间计量、技术联系、竣工结算等一切事宜。项目部设置项目经理1人，项目副经理1人、总工程师1人，下设工程部、财务部、机材部、质检部、安全环保部、试验室和综合办公室7个职能部门。

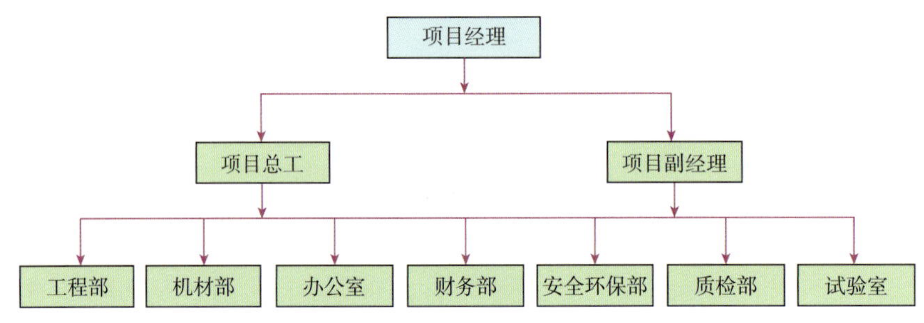

图 5-3-2　第三合同段项目部组织机构图

（二）主要人员投入

公司充分考虑到项目的特殊性和复杂性，除了安排合同规定的履职人员以外，还抽调出管理经验丰富、施工技术过硬的桥梁工程师、试验工程师、质检工程师等工程技术人员进入该项目，进一步夯实了体系建设基础。

（三）主要设备投入

根据总体施工方案部署，公司将施工设备按计划、分阶段进行投入，主要设备独立使用，周转设备相互补充，科学组织，保障了设备的使用率和施工进度要求。

表 5-3-2　**主要设备投入表**

序号	设备名称	型号规格	数量	制造年份	进场时间	备注
1	卷扬机	JJK-1/0.5t	16	2016	2018.03	挖孔桩
2	电锤	GBH2000	8	2017	2018.03	挖孔桩
3	水钻	HZ-20	16	2016	2018.03	挖孔桩
4	风钻	YT24	8	2016	2018.03	挖孔桩 / 造孔
5	风镐	G20	10	2016	2018.03	挖孔桩 / 凿毛
6	空压机	$9m^3/min$	4	2015	2018.03	挖孔桩 / 造孔
7	潜水泵	QY35	8	2017	2018.03	挖孔桩
8	通风机	T35	4	2017	2018.03	挖孔桩

续表 5-3-2

序号	设备名称	型号规格	数量	制造年份	进场时间	备注
9	插入式振动器	ZN30	4	2017	2018.02	混凝土工程
10	插入式振动器	ZN50	4	2017	2018.02	混凝土工程
11	插入式振动器	ZN70	2	2017	2018.02	混凝土工程
12	钢筋弯曲机	GV40、3kW	4	2016	2018.02	钢筋工程
13	钢筋切割机	GQ40、7.5kW	4	2016	2018.02	钢筋工程
14	钢筋调直机	GTJ8-14	2	2016	2018.02	钢筋工程
15	交流电焊机	BX1-300	8	2017	2018.02	钢筋工程
16	交流电焊机	BX1-500	6	2017	2018.02	钢筋工程
17	便携式气体检测报警仪	IP65	4	2016	2018.03	挖孔桩
18	挖掘机	DX225	2	2016	2018.03	土石方 / 拆除
19	装载机	ZL50	2	2015	2018.03	土石方 / 临转
20	水泥混凝土运输罐车	$6m^3$ 以上	4	2016	2018.03	混凝土工程
21	自卸汽车	12T 以上	2	2015	2018.03	土石方 / 临转
22	水泥混凝土输送泵车	JH5180THB-30	1	2016	2018.03	混凝土工程
23	汽车吊	QY25	2	2015	2018.03	起重作业
24	水泥混凝土搅拌站	JS1500	2	2017	2018.03	混凝土 / 砂浆
25	砂石料生产线	PE600*900	1	2015	2018.03	砂石料加工
26	发电机组	150kW	2	2015	2018.03	施工用电
27	发电机组	80kW	2	2016	2018.03	施工用电
28	上构施工全套设备	—	2	2018	2019.08	上构施工

三、第三合同段的质量管理

质量目标：交工验收工程质量评定等级达到合格标准，竣工验收工程质量评定等级达到优良标准。

（一）质量控制措施

施工质量是工程建设的核心，是决定项目成败的关键。针对本期项目设计要求高，施工难度大的特点，公司成立了以项目经理为组长，项目总工为副组长，各部门负责人为组员，各作业队质检员参与的质量管理小组，负责整个合同段的质量管理工作，形成了一条以施工方案为指导、以材料质量为前提、以试验检测为依据、以监控量测为标准，以施工自检为核心的质量控制链，充实和完善了质量管理体系建设，具体来讲，有如下几点：

1. 技术控制关

为确保每道工序的施工质量，公司对一般工序制定作业指导书，对重要部位或重要工序编制专项施工方案，按由低到高的顺序划分为作业指导书、C、B、A四个等级，依次进行项目自评→分公司审查→总公司审查→专家评审的一道或者全部流程，合格后才能进行施工方案的报批审查工作。该项目共编制通用作业指导书5份，包括混凝土浇筑与养生、钢筋制作与安装、模板安装；C类方案3份，包括爆破施工、桩基施工和主塔施工；B类方案2份，包括拆除施工和支架施工；A类方案2份，包括上部结构施工和施工组织设计。项目部还不定期召开技术交流会和技术交底会，及时解决施工过程中的技术难题，及时传达每道工序的施工工艺和技术要点，做到了纵向到底，横向到边，层层落实，权责清晰，为施工质量把了好技术控制关。

2. 材料控制关

为确保进场材料质量，公司主要从以下几个方面进行质量控制：①源头关：外购原材料的使用做到了材质证明齐全，送样外委检测规范；自采原材料都经过了监理、项目部试验室试验检测；半成品、成品质保书、合格证齐备。②检测关：所有进场材料经过了施工自检和监理单位检验验证试验合格后用于工程实体。③保管关：做到了存放期内不损坏、不变质、不丢失的要求。

对于委托厂家制造的材料，比如型钢锚固系统和主缆系统材料，项目部还会同总监办一起派专人驻厂监造，从原材、加工、委托检测直至出厂合格证书的签发，全过程进行指导和监督，为施工质量把好了材料控制关。

3. 试验检测关

公司设立了工地试验室，履行相关试验检测工作的施工自检职责。对于资质以外的试验检测项目或者对试验检测结果有争议的项目，均委托第三方试验检测机构进行，并通过监理试验室验证试验后用于工程实体，真正做到了施工前有试

图 5-3-3　西莫河大桥全景

验数据，过程中有检测手段，完工后有资料凭证，为施工质量把好了试验检测关。

4. 监控量测关

监控量测不仅是验证设计成果的重要手段，也是指导施工并确保施工质量的有效途径之一。项目部在执行监控指令的同时，积极参与分析，加强沟通交流，适时提供数据信息，为监控指令的及时下达做好了后勤服务。

对于施工过程中的重要危险部位，比如锚碇和塔柱施工，项目部也采取了施工自控措施，通过结构分析，确定变形限值进行定点观测，确保了施工过程原系统结构安全，为施工质量把好了监控量测关。

5. 施工自检关

施工自检是施工过程的日常内容，也是施工质量的核心控制措施。项目部设立质检部门，制订一系列的质量管理规定，质检工程师必须深入现场，对原材料、配合比、混凝土强度、几何尺寸、钢筋间距、保护层厚度、外观质量等各个环节进行质量控制，严格执行自检、互检、交接检三检制度，使各项工程的施工质量始终处于受控状态，为施工质量把好了施工自检关。

（二）完工质量评价

通过对该合同段分项、分部以及单位工程的质量自检评定，单位工程合格率为100%，合同段工程质量自检评定得分 97.1 分，合同段质量等级为合格。

四、第三合同段施工进度控制

施工进度控制目标：合同总工期 36 个月，于 2017 年 11 月签订施工合同，于 2018 年 5 月 15 日正式开工，要求完工日期 2020 年 11 月。

根据本期项目加固整治的特点，项目部制定了施工进度控制总体规划三阶段：第一阶段为施工基础期，主要进行便道便桥施工，以及主桥桩基础施工，为第一个年度目标；第二阶段为施工高峰期，主要进行地锚及主塔大体量混凝土结构物施工，以及上部结构缆吊材料准备工作，为第二个年度目标；第三阶段为攻坚克难期，是全桥的重难点项目，主要进行上部结构缆吊换装施工，以及引桥各工序施工，为第三个年度半年目标。

1. 第一个年度目标

首要施工任务就是尽快开通便道便桥，早日为主桥基础施工打开工作面。2018 年 6 月开始进入雨季，在面临保通难度大、有效工期短、环保要求高、雨季周期长、作

图 5-3-4　索夹安装

业面狭窄、机械化程度低、材料组织困难等诸多不利因素的前提下，特别是西莫河大桥，原有便道弯急坡陡、路幅狭窄，地形结构复杂，临江侧防护及临崖侧拓宽拓高工作量大，对项目整体推进造成了很大的影响。项目部按照“全面有序、突出重点、超前安排、分解落实”的原则，加大资源投入，狠抓现场生产，在保证工程质量的前提下最大限度地加快便道便桥施工进度。

在实施动态调整进度计划的同时，项目部加强参建各方的汇报沟通力度，通过科学分析措施的可行性、结构的安全性、增加变形位移观测频率等手段，采取分层分幅开挖作业面的方式，提前进入主桥基础施工工序，为作业面的拓展以及本年度节点目标任务的完成打下坚实的基础。

2. 第二个年度目标

主要面临的是点多面广的大体量混凝土施工任务。该阶段受雨季影响较小，是施工的黄金时期，同时也是干扰因素多，施工难度大，工期任务重的阶段，能否顺利完成将是影响整个工程是否按期交工的关键。针对此阶段特点，项目部精心组织、倒排工期、详细分解，狠抓重难点，将影响计划目标的各个环节一一列举，逐项解决。例如：对于旧锚碇塔柱的病害处理、桩头处理、界面处理、冷却管设置、植筋、养护等中间工序，安排专人负责，将计划落实到每一位员工，分工明确，责任到人，认真做好现场各项技术工作，对施工中出现的技术质量等难题，组织攻关，迅速解决问题，确保了每循环都有质量保障。

对于上部结构缆吊材料准备工作，项目部也是高度重视，在 2019 年年初就会同项目办、总监办有关人员，经过多方考察、精挑细选出了资质业绩均佳的优质供应商，保障了上构材料的及时供应。

3. 第三个年度半年目标

第三个年度半年目标是成桥质量控制以及工期控制收官阶段的关键施工节点。得益于参建各方的共同努力，早在上个年度 9 月就已实质性进入第三个施工阶段，引桥部分工程量已完成近 80%，上构缆吊系统工程量也已完成近 50%。但受 2020 年新冠疫情影响，直到 2020 年 5 月中旬各工序各工点才逐渐步入正轨。为解决调索过程中的技术难题，同时满足主缆坐标、设计张力、吊杆无应力长度等要求，优化桥面线型

图 5-3-5　塔顶横梁施工

图 5-3-6　中跨脚手架平台施工

和确保主桥与引桥衔接顺适，项目部积极与设计单位、监理单位沟通协商，及时向项目办、总监办汇报情况，达成共识，形成了一套科学的切实可行的调索工艺，极大地缩短了施工工期，保证了整体施工进度控制目标的实现。

总工期内所有施工内容完成率 100%；主要工期节点目标完成率≥ 100%，比合同要求完工日期提前 2 个月，比开工令要求完工日期提前 7 个月。

五、第三合同段的安全管理与文明施工

施工安全目标：认真贯彻“安全第一、预防为主、综合治理”的方针，在施工过程中做到不发生任何重大责任事故，并达到以下安全施工目标：无责任死亡事故、无机械设备重大事故、无重大火灾事故和无重大交通责任事故。

（一）施工安全

开工伊始，项目部就成立了以项目经理为组长，书记、副经理、总工程师为副组长，有关部门人员组成的安全领导小组。项目部设专职安全监察员，作业队设专职现场安全员，层层签订安全责任书。制定了安全生产管理办法，实行安全技术交底制度、检查评比制度、教育培训与持证上岗制度、安全会议制度，安全检查整改反馈制度等，并结合项目部工程特点，将桥梁挖孔桩施工、桥墩施工、上部结构高空作业等作为安全重点，制定专项安全方案和应急预案，进行安全交底。工地现场安全标识齐全、清晰、规范，工地用电安全可靠；操作手持证上岗，规范操作；职工安全自我防护意识强，安全措施到位。对每道工序安全技术工作安排有序，施工班组严格按安全

交底进行施工，不论是地面作业或是高空作业，都能自觉佩戴安全帽、系安全绳、设防护网，专职安全员跟班作业及时消除隐患。

（二）文明施工

工地现场的文明施工和规范化管理，主要体现在项目部、混凝土拌和站、钢筋加工棚、砂石料场、施工用电、主引桥施工现场、便道便桥施工现场等方面。在工程开工的同时，组建由项目经理牵头的安全生产、文明施工管理和监督领导小组，负责组织和监督此工程文明施工措施的落实。对现场文明施工的直接管理由各部门负责安全、环保、保通方面的指导监督，各作业队及生产班组安全员同时兼文明施工监督员，负责本队、本班的文明施工监督。项目部还组织召开专题会议，要求全体员工了解并尊重当地民风民俗，尽量满足当地劳务需求和机械设备使用需求，将文明的精神融汇于施工作业的全过程。

由于项目部对安全文明施工的高度重视，常抓不懈，施工过程中未发生一起较大安全事故，未发生一起地方事务纠纷。

六、第三合同段施工经验总结

（一）总体规划的重要性

与新建桥梁相比，旧桥加固往往受到构造约束或者区域限制，不能多点开花，首要任务就是在施工过程中确保原系统结构物安全。针对这一特性，公司制定了总体施工规划三部曲，在确保本阶段施工结构物安全的前提下，通过大量的数据分析并结合现场观测控制结果，努力为下一阶段施工创造提前进入的条件。例如：在便道便桥未开通前通过分层分幅施工开挖面，进行主桥桩基础施工；在引桥未拆除前且作为施工通道及作业平台的条件下，进行引桥桩基础跳跃式施工，见缝插针，极大地提高了施工效率。

（二）科技创新的重要性

该项目与新建悬索桥最大的区别在于新旧缆吊系统体系转换，除了要保证设计成桥的质量标准以外，还要保证施工过程系统的结构安全。项目部针对本工程施工工期短、质量要求高的特点，本着科技创新的理念，开展技术攻关，研究形成一套悬索桥新旧缆吊系统体系转换新工艺、一种吊杆置换顺序新工艺，运用一种新的吊杆置换装置新技术、基准索股以及索夹安装施工放样新技术，解决体系转换过程中的技术难题。特别是在整体式钢桁架的前提下进行体系转换并进行桥面线型调整方面，节约资源，缩短工期，降低成本，提高悬索桥整体加固整治的施工技术水平，

图 5-3-7　达国大桥施工全景图

突破了悬索桥只能进行局部加固整治的禁锢，拓展了悬索桥整体加固整治范围，保证了施工安全和工程质量。

（三）协同合作的重要性

项目自开工伊始，就受到来自各参建单位的关注、关心和支持。有业主单位的现场指导、鼓励和鞭策，有监理单位的深入工地、严格监理和热情服务，有设计单位的孜孜不倦、答疑解惑，有监控单位的见微知著、精益求精，有施工单位的务实进取、开拓创新，才有了最终的合格答卷。

第六篇　环境保护篇

概 述

墨脱县全境都处于国家级自然保护区，森林资源极为丰富，物种饱和度大，稀有物种多，被誉为“动植物博物馆”“生物基因库”。地球上每100种植物中便有1种分布在这里。像墨脱这样的物产宝库不但在中国绝无仅有，在世界上也寥寥无几。

鉴于墨脱生态系统非常脆弱，一旦破坏很难恢复。在波墨公路整治改建工程项目的建设施工中，为最大限度保护墨脱的自然环境，项目办等所有参建单位都严格遵守国家有关环境保护的法律法规，采取强力措施，控制施工现场的各种粉尘、废气、废水、固体废弃物以及噪声、振动对环境的污染和危害，切实降低项目对自然环境的影响。项目办在日常工程建设管理过程中还着力加强环保知识的宣传，提高承包方、施工方的环保责任意识，切实做好环境保护工作。

本篇对波墨公路整治改建工程建设中的环境保护方案及其执行情况做专项记述。

第一章 整治改建工程项目办公室

一、项目办环保管理方针

墨脱县境内的自然生态环境属于核心保护区域，为全面达到环境保护的要求，造福子孙后代，项目办要求各施工单位严格按照设计，做好工程环境保护措施，严格遵守国家有关环境保护的法律、法规及交通运输部、环保部、资源部的有关规定和项目整治改建工程技术规范等专用性条款，开展环保教育，设立环保告示牌，公布举报电话，自觉接受社会各界的监督，使工程施工对环境（水土保持、水环境、大气环境、自然生态环境、土壤结构、自然保护区、野生动植物）的影响减少到最小限度。

在签订施工承包合同的同时，项目中心与各中标单位签订了《环境保护协议书》。项目办对环境保护和水土保护工作给予高度重视，制定《环境保护管理实施细则》，定期或不定期进行环境保护检查，及时指令各合同段限期整改合同履行过程中存在的环境保护问题，有效杜绝破坏环境的行为。

二、项目办环保举措

（一）整体生态环境影响分析及举措

1. 沿线整体生态环境分析

既有波墨公路沿线主要以林芝云杉林、川滇高山栎林等森林植被为主，此外，波墨公路整治改建工程项目范围内，还分布桫椤、千果榄仁、厚朴和楠木等国家二级重点保护野生植物。沿线野生动物种类较为丰富，但受高山峡谷地形及人类活动影响，主要在无人烟的深山林内活动。沿线动物主要有羚牛、斑羚、林麝、马麝、黑鹇等。沿线河流主要鱼类是墨脱四须鲃、墨脱华鲮、西藏墨头鱼、墨脱裂腹鱼、浅棕条鳅、墨脱纹胸鮡、弧唇裂腹鱼、巨须裂腹鱼等常见高原特有鱼类。

本期波墨公路整治改建工程项目，共需新增用地 6.52 公顷，其中林地 3.93 公顷，需要砍伐林木约 594 株，桥梁基础占地以林下植被、草地为主；为了减少对整治路段生态环境的影响，在施工过程中对周围植被严格保护，严禁随意扩大施工范围。在不

图 6-1-1　美丽的墨脱

影响桥梁安全的前提下，整治路段桥址下面植被尽可能保留植物根系，即仅砍伐林木地上部分。桥梁基础及桥梁引线路基采用必要的工程防护措施，避免水土流失。严禁随意砍伐林木，对于项目沿线国家级重点保护植物桫椤、白桫椤、千果榄仁、长喙厚朴和楠木等国家级保护植物等减少接近，禁止砍伐。

本期工程共有 8 处悬崖较窄路段的拓宽，悬崖较窄路段采用半山洞形式向上边坡一侧拓宽幅度较小，约为 0.5 米，仅是对现有植被稀疏的山体坡面进行施工，同时，悬崖较窄路段地表植被所需水分主要靠大气降水，因此对洞顶植被影响较小。

2. 施工过程环保举措

本期整治改建工程，重点对 14 处地质病害路段边坡进行整治。通过设置锚杆（锚索）框架梁、护面墙防护等措施，起到固定表土，防治水土流失的作用。因此，对生态环境具有一定正效应。

为了最大程度地降低石料场对生态环境及雅鲁藏布大峡谷国家级自然保护区的影响，综合考虑石料场地表植被情况、运距、储量等因素，经环评调整后，共设置 1 处石料场和 1 处砂料场。

施工过程中禁止随意扩大开采范围。本期整治改建过程中的砂石料，主要来源于河道清理，不需要剥离表层土壤，取料完成后平整被扰动的周边区域土地。

地质灾害整治路段的边坡绿化、临时占地的植被恢复，选择适宜当地环境的优势植被进行绿化，防止外来物种入侵。

虽然工程建设对生态环境产生一定负面影响，但其影响较小，且主要体现在施工期。通过对沿线地质灾害频发路段的整治，会起到水土保持的作用，对沿线生态环境有一定正效应。施工期产生的负面影响在通过采取有效环保措施后，已被降低到最小程度。

（二）整治改建公路存在的环境问题与采取的“以新带老”措施

1. 既有工程现状和存在的主要环境问题

现状道路大部分为砂石路面，车辆经过引起的扬尘较大，对沿线环境空气造成污染；道路排水工程、桥涵构造物不完善，沿线多处过水路面，山体遇雨水冲刷，含悬浮物较多，路面水汇入地势较低的河流水体，对水环境造成影响；公路沿线存在多处地质病害，全线均有不同程度的下道行驶现象，造成植被破坏，同时，现状路况较差，多段路面泥泞，对生态环境和自然景观产生不利影响；沿线在以往的道路整治、病害治理过程中遗留的旧取料场（K39+435 处）、旧取土场（K45+425 和 K45+590 等 2 处）对生态环境及自然景观产生负面影响。

2. 需采取的“以新带老”措施

（1）本期整治工程结合工程具体情况对总体指标较差路段进行改善，大部分路面进行硬化处治，减少扬尘，有效改善工程对环境空气的不利影响。

（2）本期整治工程加强截排水设施的设置，加强公路两侧水力联系，降低公路因路面水毁冲刷对沿线水体的影响。

（3）通过本期工程的改建和对公路病害的治理，减缓公路常被中断的局面，降低对沿线生态的影响，促进沿线生态植被恢复和改善自然景观。

（4）通过本期项目改建和公路病害的治理，对沿线 K39+435 右侧 20 米旧料场、K45+425 右侧临路和 K45+590 右侧临路等 2 处旧取土坑进行恢复整治，促进其范围内的植被恢复和景观恢复。

（三）对雅鲁藏布大峡谷国家级自然保护区影响及控制措施

工程建设会对雅鲁藏布江大峡谷保护区产生一定的不利影响。其影响行为主要表现于工程永久性占地和临时占地布设及其施工活动，会对森林、土壤等环境产生影响。由于本期工程是对现有公路的整治改建，永久占地较少，临时占地在施工结束后

图 6-1-2　修葺一新的波墨公路

图 6-1-3　墨脱县城远眺

会逐渐恢复其生态功能。本期工程不会改变现有波墨公路沿线生态环境现状，对雅鲁藏布江大峡谷自然保护区森林生态系统以及野生动物、生物多样性等主要保护对象影响较小。但考虑到公路沿线生态环境比较敏感，须采取有效环保措施，最大程度地降低工程建设对雅鲁藏布江大峡谷自然保护区的影响。由于本期工程穿越雅鲁藏布江大峡谷自然保护区，西藏自治区林业厅以《关于国道559线波密至墨脱段公路整治改造工程穿越雅鲁藏布大峡谷国家级自然保护区的复函》（藏林函字〔2015〕109号）"原则同意按照原路改造扎木镇至墨脱县城公路"。

第二章 第一合同段

一、环保管理的重难点

扬尘：项目施工过程中土石挖方、填方产生粉尘。

废水：施工废水和生活废水对水体影响较大，尤以施工废水为主。

固体废弃物和施工土石渣：施工固体废弃物和生活废弃物处理，施工产生的废弃土石渣堆放。

二、环境防治措施

（一）地表清理及结构物拆除

表 6-2-1 地表清理及结构物拆除环境影响表

序号	活动内容	潜在影响
1	清除草丛、树木等植被	1. 生态破坏 2. 水土流失
2	清淤	1. 水土流失
3	结构物拆除	1. 扬尘污染 2. 噪声污染 3. 损害景观
4	场地内积水	1. 水污染 2. 传播病媒
5	废弃物未及时处理	1. 废弃物流失 2. 传播病媒

开挖施工中表层土保护是一个重点环境保护问题，表层土流失除引起水土流失外，也可能引发一系列生态平衡失调，如植被丢失、景观破坏等。地表清理对沿线植被及动物栖息地造成永久性的破坏；此外，表层土壤的剥离容易造成土壤结构的破坏和肥力的下降。主要措施：

（1）在施工前需明确清理对象和范围，不能仅考虑方便施工而任意破坏沿线两侧的植被。对于古树名木等有保存价值的植物，需事先联系当地林业部门，采取移植等异地保护的方法加以保护。地表清理物需有专门的场地用以处置，不得随意丢弃。

（2）施工清场的树木、农作物、杂草，除部分可作为肥料外，需及时清运。

（3）剥离表层土予以保存，用于其他地面的土地改良，或沿线受破坏土地的恢

图 6-2-1　石笼挡墙

复。不用于本地恢复的，需直接覆盖至可供耕作的其他地面；用于本地恢复的，需移至他处堆存，堆放地宜相对低凹、周围相对平缓，并设置排水设施。

（4）结构物拆除点周围 30 米范围内有居民点的，拆除框架混凝土结构，宜整体大部件吊装移除，减少粉尘排放，并且在拆除前对被拆体充分洒水，保持湿润。

（二）临时施工道路

临时施工道路对周围环境的潜在影响主要是对土地利用的影响和水土流失及扬尘等污染，例如临时施工道路的开辟和修筑以及运输车辆的行动会破坏地表植被，包括耕地、用地、林地以及牧草地等。主要防治措施有：

（1）严格规划临时施工道路的路线走向，以减少植被破坏为首要原则，尽量利用现有道路，若无现成道路可利用，则需严格控制施工道路修筑边界。施工结束后，必须恢复临时占用土地原有的土地利用功能。

（2）根据《公路建设项目环境影响评价规范》要求对水土侵蚀量进行评价，并结合临时道路在运行期对地表植被的破坏程度以及对沿线水土流失产生的影响。

（3）施工单位向周围生活环境排放废气、尘土，需符合国家规定的《环境空气质量标准》（GB 3095—1996）。

（4）施工便道需保持平整，设立施工道路养护、维修专职人员，即时洒水清洁保持运行状态良好，减少扬尘污染。

（三）临时材料堆放场

临时材料堆放场的环境潜在影响是对土地利用的影响，为符合材料的堆置要求，料场的选址多位于地势较平坦的地域，通常涉及耕地、园地、林地、牧草地或临近这些用地。此外，物料的散失和飘散污染也会影响环境。主要措施和办法：

（1）对临时借地范围要有明确的边界，以便控制对临时借地外围土地的不合理占用。若对农、林等生产用地的占用无法避免，则在施工结束后，必须恢复原有的土地利用功能。

（2）材料仓库和临时材料堆放场需防止物料散漏污染。仓库四周需有疏水沟系，防止雨水浸湿，水流引起物料流失。

（3）沥青、油料、化学物品等不堆放在民用水井及河流湖泊附近，并采取措施，防止雨水冲刷进入水体。

（4）水泥和混凝土运输需采用密封罐车。采用敞篷车运输时，需将车上物料用篷布遮盖严密。

（四）拌和场和预制场

表 6-2-2　拌和场和预制场潜在环境影响表

序号	活动内容	潜在影响
1	拌和场	1. 扬尘　2. 废水污染　3. 噪声
2	预制场	1. 废水污染　2. 噪声

施工中主要措施及防治：

（1）稳定土拌和站、水泥混凝土拌和站不得设在饮用水源地保护区内。

（2）拌和站距离学校、医院、疗养院、居民区和有特殊要求的地区不宜小于 300 米，减少拌和站对环境敏感点的粉尘和噪声污染。

（3）拌和场和预制场地向周围生活环境排放噪声需符合国家规定的《建筑施工场界环境噪声排放标准》（GB 12523—2011）。该阶段施工场界噪声限值为昼间 70dB，夜间

图 6-2-2　贡日村

55dB。不能达标时，夜间需停止作业。

（4）大型拌和站（预制场）需配有除尘装置；沙石料场需及时洒水；沙石装卸时需尽量降低落差。施工人员需配有防尘用具，以保护工人健康。小型临时拌和场地需距离敏感点大于100米，并需尽量避开下风向有人群的时段。

（5）砂石料冲洗废水其悬浮物含量大，需建沉降池，悬浮物进行沉淀后排放。部分废水澄清后可用建筑工地洒水防尘。

（6）混凝土养护可以直接用薄膜或塑料溶剂喷刷在混凝土表面，待溶液挥发后，与混凝土表面结合成一层塑料薄膜，使混凝土与空气隔离。

（五）路基开挖

表6–2–3　路基开挖潜在环境影响表

序号	活动内容	潜在影响
1	土石方开挖	1. 生态破坏；2. 水土流失；3. 资源消耗
2	开山	1. 生态破坏；2. 水土流失；3. 噪声（振动）；4. 扬尘；5. 资源消耗；6. 损害景观
3	挖掘机、装载机等	1. 噪声；2. 漏油污染；3. 扬尘；4. 消耗能源；5. 排出有害气体
4	土石方运输	1. 沿路洒落；2. 随意丢弃
5	运输车辆	1. 噪声；2. 尾气；3. 扬尘；4. 消耗能源
6	炸药残留	污染环境
7	开挖时管道破裂	水污染

路基开挖对沿线植被及动物栖息地将造成永久性的破坏；此外，土壤的剥离与开挖容易造成土壤结构的破坏和肥力的下降。弃渣问题也比较突出，弃渣场若选址不合理，有可能导致河道淤塞而阻碍行洪、滑坡、地基下陷，以及损毁耕地、园地、林地、牧草地等土地。施工中主要措施及防治：

（1）施工前需明确开挖范围，不能仅考虑方便施工而任意破坏沿线两侧的植被。根据环评报告书的结论对弃渣场进行认定，明确弃渣场的范围。弃渣需在指定范围内严格按照设计技术要求进行堆置。

（2）预防表层土流失。剥离表层土，不用于本地恢复的，需直接覆盖至可供耕作的其他地面；用于本地恢复的，需移至他处堆存，堆放地宜相对低凹、周围相对平缓，并设置排水设施。

（3）将弃土、弃渣于指定地点堆放，并采取防护措施，避免其流入水体。公路边的临时零星弃渣，需在公路封闭前处理完毕，以免公路全封闭后，难以清理。

（4）施工单位向周围生活环境排放废气、尘土，需符合国家规定的《环境空气质量标准》(GB 3095—1996)。

(5)土石方开挖回填时避开雨季，雨季来临前将开挖回填、弃方的边坡处理完毕。在雨水地面径流处开挖路基时，及时设置临时土沉淀池拦截混砂，待路基建成后，及时将土沉淀池推平，进行绿化或还耕。

(6)在雨水充沛地区，及时设置排水沟及截水沟，避免边坡崩塌、滑坡产生。

(7)尽可能以挖掘代替爆破，以多点少药代替大量炸药爆破，采用延时爆破技术等手段降低噪声和振动。夜间禁止开山爆破，敏感点及文物保护单位附近禁止开山放炮，确需放炮作业的，需加以阻挡，防护，以防碎石冲击，并减小振动对建筑物的影响。

(六)路基填筑

表 6-2-4　　路基填筑潜在环境影响表

序号	活动内容	潜在影响
1	挖掘机、装载机等	1. 噪声；2. 漏油污染；3. 扬尘；4. 消耗能源；5. 排出有害气体
2	土石方运输	1. 沿路洒落；2. 随意丢弃
3	运输车辆	1. 噪声；2. 尾气；3 扬尘；4. 消耗能源
4	压路机、夯实机械等	1. 施工噪声；2. 漏油污染；3. 水泵能源；4. 排出有害气体
5	履带式设备行驶	对道路场地破坏
6	施工设备、车辆等维修保养	1. 机油洒弃；2. 零配件丢弃；3. 包装物丢弃
7	土工格栅等铺设	边料丢弃

施工中主要措施及防治：

(1)施工单位向周围生活环境排放废气、尘土，需符合国家规定的《环境空气质量标准》(GB 3095—1996)。

(2)对成型施工路段适时洒水，减轻扬尘污染。

(3)雨季施工时，需及时掌握气象预报资料，以便按降雨时间和特点实施雨前填铺的松土压实等防护措施，减少水土流失。

第三章　第二合同段

一、环境保护管理体系

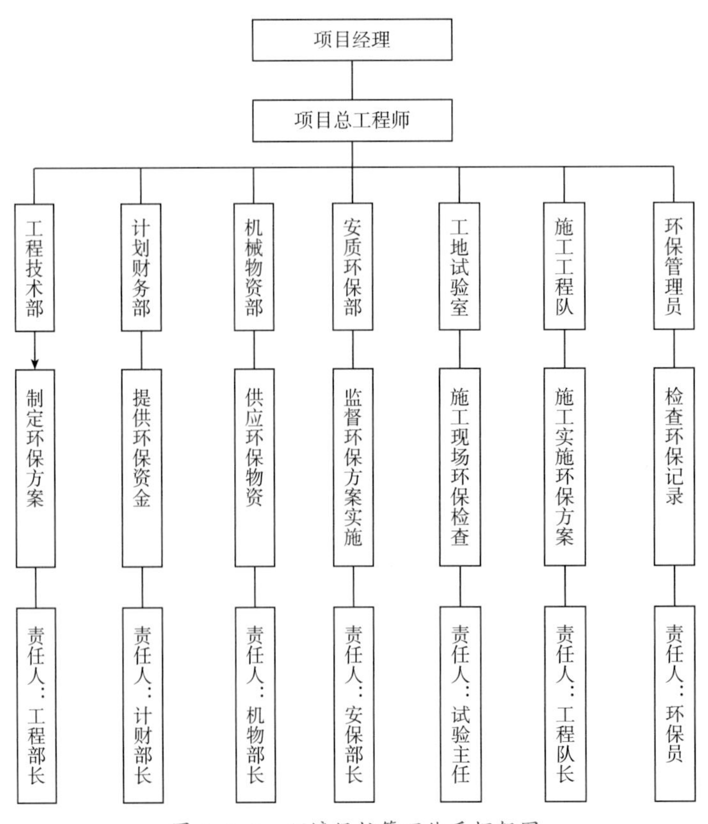

图 6-3-1　环境保护管理体系框架图

二、环保、水保目标

环保目标：实现最大限度的保护、最小程度的破坏和最强力度的恢复。

水保目标：预防和控制项目建设新增的水土流失，并在工程顺利建设和安全的前提下，保护及合理利用水土资源，提高土地生产力，重建生态环境。

三、环保、水保施工措施

（一）组织保证措施

（1）成立环保、水保领导小组，制定环保措施，项目部、工区分级管理，并配专职环保、水保员，负责检查、监督各项环保、水保工作的落实情况，保护好施工区周围环境。

（2）建立、健全施工过程中的环境管理体系和各项环境管理规章制度，以制度约束每个施工人员，使环保、水保工作真正落到实处。

（3）加强对施工人员进行环保、水保知识教育与管理，提高全员环保、水保意识，确保该标段环保、水保目标的实现。

（二）水土及生态环境保证措施

（1）施工驻地不设在水体旁，施工人员生活污水和粪便设化粪池处理并定期清理。生活垃圾及时清运到指定地点堆放或垃圾坑发酵后用于肥田。

（2）施工中的固体废弃物及时清运至指定地点，不倾倒入河流、池塘、水渠等水体中，也不堆放在水体旁。

（3）生产废水、废料不排入河流，在施工现场设临时蒸发池，施工结束后覆土掩埋，不在饮用水源附近清洗施工器具、机械等，防止水环境污染。

（4）含有害物质的建材不堆放在水体附近并设棚覆盖，必要时设围栏，防止被雨水冲入水体。

（5）在施工期间始终保持工地排水系统良好，临时排水系统与永久排水设施相连接，不淤积和冲刷。

（6）施工产生的废弃物在完工时及时清除干净，以免堵塞渠道和妨碍交通。

（7）施工便道、场地在工程完工后及时按设计要求整修、复耕、恢复植被。

（三）大气及粉尘保证措施

（1）施工现场、便道经常洒水，做到“晴天不扬尘，雨天不泥泞”。

（2）运输易飞扬物料覆盖严密，不污染空气、环境和沿线道路。

（3）储存易飞扬材料用彩条布覆盖，防止污染空气和周围环境。

（四）固体废弃物保护措施

（1）驻地和施工区所产生的固体废弃物，派人收集，集中堆放，经当地环保部门同意后，运至指定地点废弃。

（2）施工中所产生的其他废料、废物，及时收集清理，保护周围的自然环境和景观，使之不受破坏和污染。

（五）施工噪声保证措施

（1）机械车辆限速行驶并加强维修保养，降低噪音，保护环境。

（2）机械车辆途经公共场所时减速慢行，不鸣笛。

（3）在固定的机械设备附近，修建临时隔音棚，减少噪声传播。

（4）合理安排时间，夜间在村庄附近不安排噪声大的机械作业。

（5）适当控制机械布置密度，避免机械过于集中形成噪声叠加。

（6）钢筋加工、拌和站等场地选址远离村庄、学校，以免造成影响。

（六）施工后期的场地恢复措施

（1）认真管理、合理组织，做好材料、机械设备采购和管理计划，实行动态管理、超前预测做到“工完料净”，减少场地存积物，加快场地恢复速度。

（2）竣工后及时进行现场清理并按设计要求采用植被覆盖或其他处理措施。

（3）对有害物质通过焚烧或其他措施处理后运至指定地点进行掩埋。

（4）对场地硬化等破碎后的废弃物可用于其他防护性结构物的填充料。

（5）临时占用的林地要恢复到原状，回填表层种植土并尽可能恢复到原貌。

四、绿色施工原则及措施

（一）绿色施工原则

（1）通过优良的施工和管理，优化生产工艺，采用合适的技术、材料和产品。

（2）合理利用和优化资源配置，改变施工方式，减少对资源的占有和消耗。

（3）因地制宜，最大限度利用本地材料及资源。

（4）最大限度地提高资源的利用效率，积极促进资源的综合循环利用。

（5）尽可能使用可再生的、清洁的资源和能源。

（二）绿色施工措施

1. 节水措施

（1）实行用水计量管理，制定各施工阶段的大约用水定额，严格控制各施工段的用水量。

（2）施工现场机具、设备、车辆冲洗用水必须设置循环用水装置，在旁边设置三级沉淀池，经沉淀后用于现场洒水降尘。

（3）拌和站用水、养护用水需采取有效的节水措施，严禁无措施养护混凝土。

（4）施工现场供水管网需根据用水量布置，管径合理、管路简洁，采取有效措施减少管网及用水器具的漏损。

（5）项目办公区、生活区的生活用水采用节水系统和节水器具，提高节水器具配置比率。临时用水使用节水型产品，采取有针对性的节水措施。如在水源处设置明显的“节约用水”标识等。

（6）用水必须装设水表，并在施工区与生活区分别计量。及时收集施工现场用水资料，建立用水管理台账，并进行分析、对比，提高节水率。

图 6-3-2 监理对拌和站进行检查

2. 节能措施

（1）项目驻地采取集中供暖，宿舍内严禁使用电热器（小太阳）等不安全电器，所有生活区室内无人时必须关闭灯、电脑、复印机等用电设施。

（2）工程临时设施由改善热工性能和照明设备效率的材料组建。

（3）优先使用国家、行业推荐的节能、高效、环保的施工设备。经常对施工设备及机具进行定期的维修保养工作，以使机械设备保持低耗、高效的状态。

（4）室外、办公、宿舍照明优先采用节能型灯具。在满足照明的前提下，办公室节能型照明器具功率密度值不得大于 $8W/m^2$，宿舍不得大于 $5W/m^2$，仓库照明不得大于 $5W/m^2$。

（5）就进采购材料和选址混凝土搅拌站，减少运输距离远造成的能源浪费。

（6）对混凝土地泵进行效率计算，选择功率与负载相匹配的机械设备，避免大功率施工机械设备低负载长时间运行。

（7）项目分别设定生产、生活、办公和施工设备的用电控制指标，定期进行计量、核算、对比分析并有预防与纠正措施。

（8）220V/380V 单相用电设备接入 220V/380V 三相系统时须合理安排机械设备，使得三相平衡。

3. 节材措施

（1）办公和生活用房租用当地民房；对现场铺设的管线进行保护以便能重复利用、节约材料。

图 6-3-3　水土保持督查组到项目上检查指导工作

（2）特殊路基设计施工及模板支护等专项方案予以会审、优化，合理安排工期，加快周转材料周转使用频率，降低非实体材料的投入和消耗；合理确定混凝土配合比，降低水泥消耗。

（3）施工过程中要求精确定料，合理下料，不浪费；施工中剩余的钢筋头、料头要合理利用。

（4）办公用品由办公室按计划统一采购，建立领用制度。节约纸张，内部资料尽量双面打印，单面废纸背面充分利用。

（5）根据施工进度、材料周转时间、库存情况等制定采购计划并合理确定采购数量，避免采购过多，造成积压浪费。

（6）施工现场建立可回收再利用物资清单，制定并实施回收管理办法。

（7）选用耐用、维护与拆卸方便的周转材料和机具，对周转材料进行保养维护，维护其质量状态，延长使用寿命。按照材料堆放要求进行材料装卸和临时保管，避免因现场存放条件不合理而导致浪费。

（8）每次浇筑后罐车内剩余混凝土不得随意丢弃，刷罐要在拌和站三级沉淀旁。砂浆使用要垫在铁皮板上，浆砌产生的落地灰及时清理。

4. 节地措施

（1）施工回填时使用施工中挖出的废土，因施工造成裸土的地块，及时覆盖沙石或种植速生草种，防止由于地表径流或风化引起的场地内水土流失。

（2）施工现场物料堆放紧凑，减少土地占用。

5. 路基施工水土保持措施

（1）施工准备期环保措施。

①生产、生活营地环保措施。所有生产、生活驻地必须统一规划、统一管理，在有植被的区域设置驻地时必须首先将植被进行移植剥离，妥善码放整齐。定期洒水，以便后期恢复。生产、生活驻地必须根据营地规模大小摆放相应数量的移动垃圾桶，并具备标志清晰的垃圾堆放场，以及时对各类垃圾进行处理；员工生活驻地还必须设置三级沉淀池，以保证排入自然环境的水流干净清洁。

②施工便道环境保护措施。首先对施工便道进行优化，施工便道尽量避开植被，需选在植被稀少或既有机耕道上，并结合工程位置尽可能把便道取短。在有植被的区域进行便道施工时，必须首先将植被进行移植。施工便道是供施工机械进出施工场地所使用，任何机械不得在施工便道以外区域行驶。便道不要切断地下水源，尽量采取原地面填土覆盖的方式修建便道。待工程竣工恢复时将土挖除，以此保证便道原貌恢复。

（2）施工期间的环保措施。

项目部严格按照批准的施工组织设计展开路基工程施工，环境保护贯穿于整个路基施工全过程。

施工时严禁乱砍乱挖。临时工程的修建不得切割或阻拦地表径流。

施工前，路堤两侧先挖临时排水设施，防止水土流失。在有地表水经过地段，埋设临时过水涵管，防止阻碍天然水系，待路基排水设施完工后进行引流。

土石方运输时，所有车辆规范作业，不允许随意行驶，所有车辆必须加设后挡门避免土石及其他货物散落。

干旱少雨季节对路基及便道洒水，以防灰尘随风四散，对周围环境造成破坏。

路基主体工程施工完毕后，及时施作坡面防护工程。

（3）路基工程竣工阶段环保措施。

①施工完毕后对生产生活营地、施工便道、路线两侧等各类场地进行彻底清理，清除各种生产、生活垃圾并将各类场地进行充分地平整、疏顺。

②在清理妥当的上述场地内进行复耕恢复原貌。

③对施工后环保进行检查并根据检查结果做出相应的处理。凡达不到规定标准的

一律返工或继续完善。

6. 桥涵施工水土保持措施

桥涵施工特别是结构物基础施工过程中，会有污水、淤泥、杂物的排出，在排出过程中严禁乱流乱淌，必须避开既有河流流经区域以防污染。基坑挖方要及时清运弃置，尽量减少在现场的临时堆放数量和时长。临时堆放时要做好防护措施，做好地表截排水措施，严禁乱弃乱堆，防止工程施工中开挖的土石材料对附近排水系统产生淤积或堵塞。

在驻地、场、站设置三级沉淀池，不将有害物质和未经处理的废水直接排放。保证废水处理设施在整个施工生产过程中的有效性，做到现场无积水、排水不外溢、不堵塞、水质达标。

第七篇 保　通　篇

概 述

波墨公路是进出墨脱的唯一通道，也是墨脱县内一万多名百姓的生命通道。由于本期波墨公路“整治改建工程”是在上期“新改建工程”的基础上进行的，施工过程中还必须保持原公路的通畅，因此项目办与施工单位把保通工作置于整治工作之前、之上。因此，“边施工、边保通”是工程的难点，也是重点。

保通工作不仅重要而且十分艰难。据统计，在波墨公路整治改建工程施工期间，共发生滑坡、崩塌、泥石流、水毁、雪崩等各种灾害 425 处，平均达 3.6 处/千米。地震几乎天天发生，这里每年发生地震 400 多次，业内人士认为，与川藏公路最艰险的 105 滑坡段相比，波墨公路的保通工作难度要“难上加难，三倍不止”。

保通篇是不同于其他公路建设工程的特殊篇章，本篇对本期波墨公路整治改建工程中的保通工作进行专门记述。

第一章 保通难点

一、地震

墨脱所处的喜马拉雅山脉南麓，正是印度板块和亚欧板块交界的地方。印度板块撞向亚欧板块的底部并下切，造成喜马拉雅山脉隆起的同时也造成了地层大规模的撕裂，同时还形成了一整条地中海—喜马拉雅火山地震带。在墨脱境内，地层发育了一系列的区域性断裂，穿过墨脱公路的断裂带达到 6 条之多。新的构造运动持续进行，地壳的强烈隆起、急剧下切、垂直抬升与水平位移共同作用，使得地震发生极其频繁。

墨脱每年的有感地震多达数十次，2 级以下的无感地震几乎天天发生。1950 年，墨脱发生里氏 8.5 级强烈地震，能量比汶川地震还要高一倍，震中人口死亡率达到了 90% 以上。频繁的地震和密集的断裂带使得这里的地质环境破碎不堪，而墨脱特殊的气候条件则加剧了这种破碎，给保通工作带来了巨大压力。

二、降水

在墨脱，每年的 5—9 月是雨季，3000—4000 毫米的降水在这几个月集中倾泻下来。相比起来，中国著名的湿润地区长三角，年降水量也只有 1500 毫米左右。

丰富的降水不仅会造成洪涝灾害，而且会导致岩石裂隙、土体中水位剧烈升高，排泄不畅，进而产生较大的动水压力，使土体抗剪强度降低，引发大范围的崩塌。

在雨水的冲刷下，墨脱几乎每天都在发生着大大小小的山体滑坡。不间断的滑坡使得这里的地表布满了滑坡堆积体。这些土石混杂、高度风化的堆积体十分松散，厚度与硬度也极不稳定，在上面修路，质量难以控制。

由于季节性降水，这些吸水性很强的土体会随着季节变化时而饱水，时而干燥，修好的路面就会发生难以避免的不均匀沉降，造成破碎，进而无法通车，给保通工作造成重大影响。

在 K13+900—K23+686 段，该段线路冰崩、雪崩、泥石流、冰斗及冰川发育，规

图 7-1-1　抢通雪崩造成的道路堵塞

模大，对线路的危害较严重。冰川泥石流所形成的冰碛台地高差约 300 米，冰碛物由块石组成，呈松散状态，地形坡陡，冰雪消融期常爆发泥石流或产生滚石、飞石等，危害线路及行车安全。

三、唯一通道

波墨公路是进出墨脱的唯一通道，也是墨脱县内一万多百姓的生命通道，所有墨脱的物资供给全部依靠这条公路，断通对于墨脱的社会稳定、经济发展、人民生活影响极为严重。因此，保通工作相较于其他公路建设项目显得更加重要。

第二章 第一合同段

一、总体保通措施及具体实施

（1）加强与地方及其他单位之间的协调，合理安排工点施工时段，对道路有影响的工点，提前采取各种技术措施（搭设临时便桥、钢栈桥），确保当地车辆通行。

（2）有修建行车便道的施工段落宜尽量提前，保证错车需要。

（3）拆除重建的桥涵施工段，提前修建行车便道或搭设钢栈桥。

（4）异地新建桥梁施工时，原有的老路作为施工便道，保证正常通车。

（5）依据交通流量的分布情况，在交通流量比较大的季节（5—9月），结合全线进行单边交通管制，保证道路畅通。

（6）对必须中断交通进行施工的路段，一方面合理组织施工，减少中断时间；另一方面加强与当地政府及交通主管部门的协调，提前通知当地政府，提前储备县内必需物资。

具体实施如下：

①路基工程施工从K0+000—K24+000实行半幅施工、半幅保通方案。该路线施工涉及沥青混凝土路面以及水泥混凝土路面，分别设置不同的保通方案。

对于沥青混凝土路面，采用临时交通管制，施工完毕后沥青表面温度低于60℃即可开放交通；对于双车道水泥混凝土路面，采用半幅施工、半幅保通方案；对于单车道水泥混凝土路面，与墨脱政府协商，实行交通管制，同时合理安排工期，尽量安排在封山季节和交通量小的季节，把不利影响降到最低。

② K0+200扎墨新大桥：新建的大桥起讫桩号为K0+105.96—K0+294.04，把老桥作为施工便道。

③ K8+577—K8+627：由于该路段易发生滑坡地质灾害，本期改造防治措施为：清理坡面，对坡面采用锚杆框架防护、滑坡后壁采用护面墙支护等。因为此路段的保通难度较大，必须合理安排工期，并尽量安排在交通量小的季节或者封山季节，把不利影响降到最低。

图 7-2-1　应急演练

④ K16+910—K17+450：由于此路段的路线需进行改线，因此在进行施工作业时需要把原先路段作为施工便道，保证正常通车。

⑤中心桩号为 K19+123 的中桥：由于桥梁钢桁架锈蚀严重，因此本期改造采用异地新建方案。新桥的起讫点桩号为：K19+104—K19+142，老桥作为施工便道来保证正常的通行。

⑥ K25+365—K25+525：此路段为嘎隆拉隧道出口接长明洞，明洞施工方法有两种：第一种方法对隧道出口段明洞采用半幅施工仰拱、半幅保通方案，衬砌采用门式支架保通；第二种方法采用柔性钢棚洞结构，实行双边交通管制。

⑦ K25+545—K25+630 一号防雪棚洞以及 K25+825—K25+900 二号防雪棚洞：基础施工对交通干扰较大，采用双边交通管制，交替放行。棚洞上部结构施工采用门洞通道，结合双边交通管制，交替放行。

⑧ K29+685 小桥和 K29+824 小桥：因老桥钢桁架锈蚀严重，拆除重建。由于老桥已被拆除，在地形较平缓的地段设置施工便道。

⑨ K32+675 桑谷沟中桥：由于该桥桥梁钢桁架锈蚀严重，本次改造采用异地新建方案，因此把老桥作为施工便道。

⑩ K34+918、K36+222、K37+867、K41+169、K41+285、K42+679、K44+052、

K46+564：由于这些地区的地质环境比较复杂，施工期间均采用左幅保通的施工方案。

⑪ K41+030 达日中桥、K50+979 打尔曲中桥：本期改造采用异地新建方案，因此把老桥作为施工便道。

二、特殊情况应急预案

按照保通指导思想，预判并应对保通施工过程中可能出现各种问题，做到施工、保通共同进行，项目部制定应急预案，具体如下：

（一）突发交通应急事件处置

应急事件处理原则：加强领导，统一协调；快速反应，果断处理；协同作战，联勤联动；及早畅通，减少影响。

（1）信息畅通原则：参与保通所有人员保证全天 24 小时通讯畅通，在突发事件后，现场执勤人员及时将现场基本情况电话报告保通领导小组，由保通领导组启动应急预案，并向上级主管单位传达信息。

（2）领导亲赴现场指挥处置原则：突发严重应急事件时，根据事件等级，施工单位相关领导赶赴现场，加强协调指挥。

（3）联合处置原则：保通工作人员和施工班组分工不分家，联合高效，采取紧密协作的联合处置原则。一切以安全畅通为第一原则，处置现场事件。

（4）特事特办原则：现场处置坚持尽快通行为先，有关事项处置坚持灵活、简化、高效，特事特办原则。

（5）迅速反应、快速处置原则：突发应急事件时，保通工作组迅速反应，在最短时间快速处置。

（6）积极配合相关部门应急处理工作，高效简洁、实效。

（7）遇有紧急事件或故障车辆时，施工单位动用施工机械设备配合及时快速拖运至应急部位，保障交通畅通，及时疏导交通车辆。

（8）做好施工便道应急通行工作。

（二）道路突发应急事件的处置

车辆行驶缓慢、车辆排队长度未超过

图 7-2-2 施工人员参与转移病人，为病人争取到了宝贵的抢救时间

500米等情况下，经现场采取紧急处置和加强疏导等措施，可以有效缓堵并在1小时以内恢复正常交通的，暂时不分流交通，但需做好启动分流预案的准备工作，一旦需要，立即采取分流措施。根据不同情况分别采取以下措施：

（1）交通事故的现场处置：以迅速反应、特事特办、加快处置为总体原则。经交警部门同意，对碰撞、追尾等一般交通事故，交警未到现场时，配合车主进行现场取证后，可让车辆移至安全地带，先行恢复交通。配合交警负责事故现场的勘察、处理、清障等；路政部门负责路产设施勘察登记，协助清障、交通疏导等协助工作。发生重大交通事故造成人员伤亡的，配合交警、路政等部门对现场伤员进行施救，为现场清障处置做好准备工作。

（2）抛锚故障车的现场处置：轻小型车辆抛锚的，以现场施工和保畅人员为主，迅速推离现场，然后拖离。大中型车辆抛锚，现场保畅人员及时联系备勤的清障车或施工机械车辆进行拖移。

（3）群体性封堵公路事件的处置：迅速摸清现场基本情况并及时报告，及时通知相关部门，同时尽量稳定事态，先行尽量疏散不明真相的群众离开现场。坚持宜散不宜聚、宜解不宜结、宜顺不宜激、尽量自主解决的原则，灵活、妥善处置。对难以处置或事态严重的事件，积极协调、依靠和配合地方政府和公安部门解决。处置过程中对严重拥堵的车辆进行适当分流，防止堵塞加剧。

（三）应急分流预案

发生突发应急事件需要分流交通时，保通工作组快速反应，果断处置，紧急分流，尽快通行。在加强现场管理的同时，采取以下减缓拥堵的应急处置措施：

（1）加强现场疏导，特别是针对易产生拥堵的车道等关键点段进行指挥疏导。

（2）施工作业面能满足车辆临时通行时，暂停施工，临时收缩封闭车道的宽度和缩短封闭的长度，开通施工车道放行车辆。

（四）恶劣天气条件下的应急预案

1. 大雾天气应急预案

当遇大雾天气条件下，能见度低于50米时，停止施工，配合路政、交警、抢险、医疗救护部门，避免交通事故发生。

2. 降雨天应急预案

针对降雨天采取的安全措施：

（1）配合交警、路政等部门所采取的限速、控制流量、交通管制等措施；

（2）进行重点预防，把好施工影响交通安全重点部位关；

（3）加强巡逻，消除事故隐患；

（4）积极配合有关部门采取各种方法消除天气影响；

（5）对沿线边沟、排水沟、泄水槽等排水设施进行清理，保障防排水设施功能得到充分发挥；

（6）准备好发电机等应急物资、设备，便于紧急情况将积水抽出。

3. 雪天应急预案

（1）车辆安装防滑链；

（2）便道撒盐化雪；

（3）铲车清理便道及控制区范围内的积雪。

三、保通施工安全措施

在保通施工期间，施工单位班子成员轮流值班，保证施工现场每天由主要人员值班，随时监管施工中不安全行为，及时和保通人员进行沟通，解决出现问题，及时向安全小组汇报施工现场情况。具体安全措施如下：

（一）施工安全措施

（1）开工前必须进行技术交底、班前讲话，严格交接班制度，下一班未到本班不能离岗，每班必须有路况记录。

（2）施工人员必须进行安全教育、培训、技术交底后方可上岗。

（3）所有施工人员必须穿戴好安全防护用品。

（4）定期召开安全例会，及时通报安全情况，提供有效安全措施。

（5）施工区域做到整洁有序，不零乱，施工围护严格执行保通方案及文明要求。

（6）特种作业人员，必须持证上岗。

（7）禁止非施工人员、车辆进入施工现场，做好第三方人员安全管理。

（8）施工吊装材料时不能超过施工安全区域，防止出现危险。

（9）所有在现场施工使用的机械，如挖掘机、

图 7-2-3 行人在过水路面行走

装载机等，必须经相关部门检测合格后才能在现场使用，使用过程中应严格规范操作。

（二）保通安全措施

（1）保通人员必须进行安全教育、培训、技术交底后方可上岗。

（2）所有保通人员必须穿反光背心。

（3）每日执行向领导小组办公室汇报制度。

（4）禁止非施工人员进入或穿越施工路段。

（5）加强同交警、路政人员、相邻施工单位沟通，及时通报信息，制止施工中出现的违规行为，制止通行车辆违规行为。

（6）各种保通物资：标志、标牌、防撞墩、锥形桶、水马、警示灯具应准备充分，满足现场使用需要。

（7）做好宣传组织工作，设置警示标语。

（8）合理设置交通安全设施，使现场布置的各种设施都能发挥应有的功能。

（9）重视投诉问题，对投诉问题，施工单位应迅速回应解决，保证行车安全、舒适。

（10）利用交通标志、标线，提高道路行驶能力，杜绝交通事故发生。

图 7-2-4　山洪突发冲毁道路，行人只能艰难涉水通过

四、协调组织措施

（一）加强与交警、路政部门的合作

项目部在上级主管部门的领导下，与交警、路政部门签订保通协议，确保交通畅通和施工安全。

（二）加强与气象部门的合作

项目部与当地气象部门协商建立气象预警机制，气象部门提供每周天气变化趋势和降水过程预报；遇到暴雨、暴雪、雾、大风、短时强对流空气等灾害性恶劣天气，气象部门提前 24 小时将气象信息传递到交警、路政部门、施工单位，便于随时掌握天气变化情况，提前做好各种预案，采取相应的保通措施。

（三）加强与行政、医疗部门的合作

项目部与附近医院签订合作协议，在就近的医院建立伤员救助绿色通道，缩短营救时间，一旦交通事故发生，伤员能在较短的时间内得到救助，减少人员伤亡。

第三章　第二合同段

一、保通组织及施工准备

（一）保通组织机构及人员配备

保通工程采取项目经理负责制及部门负责人责任制，由专职保通作业队负责具体实施。

表 7-3-1　保通工程组织机构职能表

组织机构设置	职能
项目经理	全面负责保通工程施工管理工作
项目副经理	负责保通工程施工方案执行及日常维护管理
项目总工程师	负责保通工程技术方案的制定及审查
工程部	负责保通工程施工及质量管理
物机部	负责保通工程物资设备保障
安质部	负责保通工程质量、安全文明及环境保护监管
财务部	负责保通工程资金保障
综合办公室	负责保通工程其他协调工作
保通作业队	负责保通工程日常维护及交通管理的实施

（二）技术准备

针对本标段线路长，保通情况复杂，项目部结合施工计划安排和现场实际情况分段制定保通措施及以下保通工程技术要求。

为保证国道559线社会车辆和施工机械通行安全，将保通、施工相互干扰降至最低，在有条件修建便道时尽量采取修建便道的方式保通。

无法修筑保通便道而采取半幅施工、半幅通车的路段，需做好临时便道、便桥（涵）的方案，在保证车辆安全情况下正常通行。

进行高边坡土石方施工或其他可能对过往车辆及行人有安全影响的作业时，应与交通管理部门联系，实行临时交通管制或者临时断道，分时段对车辆和行人放行。

（三）现场准备

积极与业主单位、监理单位、当地政府和村组联系沟通，保证保通工程用地征用按施工进度计划完成。保通工程施工机械设备配置必须满足国道559线波密至墨脱公路整治改建工程第二合同段施工进度计划的要求。

表7-3-2 保通工程主要施工机械配置表

机械名称	规格型号	数量	用途	备注
挖掘机	220	2	土石方开挖，特殊路基处理	
自卸车	10t	3	土石方及砂石料运输	
压路机	18t	1	保通便道碾压及日常维护	
装载机	50型	2	保通便道日常维护	
洒水车	6立方米	1	保通便道日常维护	

二、路段保通措施

（一）保通措施

既有扎墨公路由扎木机化队进行日常养护和抢修保通，已经实现“在无重大自然灾害发生的前提下，加强养护、保通，力争全年有8—9个月的通车时间”的建设目标，通行能力已大大提升，可以满足施工物资和施工机械的基本进场的基础要求。但受限于特殊的地质、地形条件，施工过程中另外开辟施工便道是极不现实的，即有扎墨公路作为施工便道是必然的选择。

由于自然横坡陡峻、局部段落路基狭窄，一旦开工，边坡开挖及新建涵洞的修建必然会阻断交通，原有扎墨公路部分段落中断交通不可避免，交通组织异常困难。

为保证施工物资运输及墨脱县内物资运转的需要，尽可能缩短交通中断时间，将不利影响降至最低程度，施工时必须采用交通管制等多种方法。具体而言主要有如下措施：

（1）加强与第一合同段之间的协调，合理安排工点施工时段，对道路有影响的工点，尽量安排在嘎隆拉山封山的季节。

（2）错车道路基施工宜尽量提前，保证错车需要。

（3）桥梁异地新建施工时，原有的老路作为施工便道，保证正常通车；如为原地拆建，则新建临时便道保通。

（4）结合交通流量的分布情况，在交通流量比较大的季节（5—7月），需结合全

图 7-3-1　K66+400 便道施工

线进行单边交通管制，保证道路畅通。

（5）加强与地方政府及交通主管部门的协调，对需要长时间中断交通进行施工的路段及工点，为保证县内物资的运输，可辅以骡马驮运或人力背运等转运的运输方式，尽量减少对墨脱县正常的生产、生活造成影响。

（二）各工点保通方案

1. 路基施工保通

本段整治改建工程，路基挖填土石方量小，主要在原有路基上整平、拓宽，进场开工时先安排对加宽段、错车道的路基进行实施，这样能为大部分路肩墙、路肩、水沟等项目进行半幅施工、半幅通车创造条件。

对于半山洞拓宽路基、外侧为悬崖的狭窄路段，采用分节段施工的方案，施工一段就完善一段，安排施工时尽量采取夜间施工、白天放行的施工方法，保证道路的畅通。施工过程中在两端设置交通指挥岗哨，安排保通员组织交通，设置醒目的安全警示标志、标牌以保证道路畅通及行车安全。

2. 桥梁、涵洞施工保通

本合同段内共涉及桥梁 6 座，桥台均采用 U 型桥台配桩基础，上构均为装配式钢桁架，其中新建桥梁 5 座、整治利用更换上构桥 1 座。K66+312、K68+306、K71+857、K72+419、K77+241 新建的 5 座桥梁，现场桥位均为弯道取直段，桥台施工过程中对原路行车影响不大，仅在桁架拼装后的安装时需短时断道 4—5 小时；K93+734 黑日中桥，施工时需将老桥上部钢桁架拆除吊移后，安装新桥上部结构。桥下为河道，无法修建施工便道，只能采取临时断道 2 天进行桥梁抢修：在拆除老桥桁架前，在桥头两侧将新桥 2 组桁架拼装完成，待吊具机械到场准备完成后，断道进行每天 24 小时连续作业，确保 2 天内完成新桥架设通车。

本合同段共涉及新建和拆除新建涵洞共 46 道，其中盖板涵 44 道，波纹管涵 2 道，接长和整治利用涵洞 168 道。因涵洞数量大，特别是新建涵洞达到 46 道，因其施工周期长，保通时间也相应长，保通难度大。根据设计图和现场实际情况，盖板涵和波纹管涵修建过程中提前制定了 4 种方案进行保通：

（1）地势宽阔、有条件在线外修建便道时，采取线外新修便道保通方式，本保通方式作为首选。

（2）涵洞长度 8 米以上且有条件采取半幅修建、半幅通车时，采取半幅修建、半幅通车保通方式。

（3）涵洞长度 8 米以内且无条件半幅修建、半幅通车时，拟采取架设便桥，桥上通车、桥下开槽修建涵洞的保通方式。

（4）接长和整治利用盖板涵、波纹管涵采用半幅修建、半幅通车的保通方式。

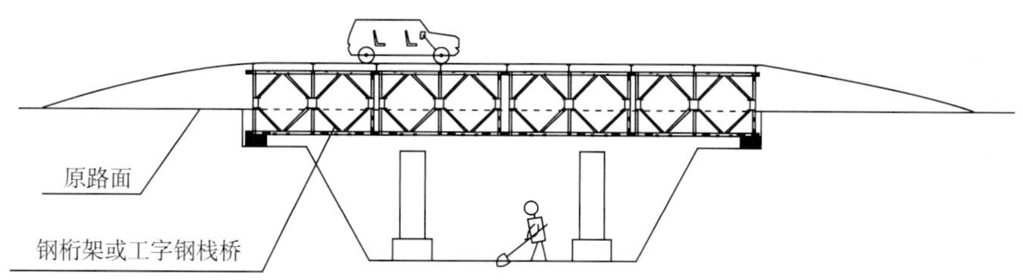

图 7-3-2 涵洞施工道路保通方案示意图

3. 明洞施工保通

K62+925—K63+000 明洞设计为 7.5 米 ×4.5 米圆拱形，左侧地势较为开阔，决定采用在线外新建一条长度 150 米便道的保通方式，填筑便道平整后压实，在流水最低

处设置 ϕ100 厘米钢波纹管涵 1 道，便于排放山体沟谷流水。明洞保通安全防护具体措施为：限制速度，一切车辆经过施工区域时减速至 5 千米 / 小时以下。

施工时，其规范交通标志的设置要求为：

往波密方向车流：

①距施工路段 500 米处路肩上设置“前方施工 500 米”警告标志、“限速 20 千米”禁令标志，太阳能闪爆灯一座；

②距施工路段 200 米处路肩上设置“前方施工 200 米”警告标志、“限速 10 千米”禁令标志，太阳能闪爆灯一座；

③距施工路段 100 米处路肩上设置“限速 5 千米”“禁止超车”禁令标志，太阳能闪爆灯一座；

④距施工区域起点 50 米路侧处设置“道路施工”“减速慢行”警告标志。

往墨脱方向车流：

①距施工路段 500 米处路肩上设置“前方施工 500 米”警告标志、“限速 20 千米”禁令标志，太阳能闪爆灯一座；

②距施工路段 200 米处路肩上设置“前方施工 200 米”警告标志、“限速 10 千米”禁令标志，太阳能闪爆灯一座；

③距施工路段 100 米处路肩上设置“限速 5 千米”“禁止超车”禁令标志，太阳能闪爆灯一处；

④距施工区域起点 50 米路侧处设置“道路施工”“减速慢行”警告标志。

每个施工起、终点导行端口设安全员一名，负责摆动红色警示旗指引车辆行驶及工程车进入工作面时的安全警戒工作。同时每个工作面安排专职安全员一名，负责巡视、调整交通疏导设施。非施工作业人员不得进入施工工作区内。

图 7-3-3　K80 水沟清理

改路路段交通管制措施为：

①作业人员在明洞施工过程中必须身着反光工作服，头戴安全帽；

②施工人员工作时不准饮酒，严禁穿拖鞋、凉鞋上道施工；

③施工车辆必须按规定配置警示闪光灯；

④施工车辆遵守交通规则，严禁占道停车、

图 7-3-4 山洪引发泥石流冲毁道路，施工人员及时抢通

随意掉头逆行；

⑤施工时设专职安全员监护，以保证施工人员安全；

⑥安全标志破损并已影响安全信息的表达时，及时更换；

⑦安全标志设置在明亮的环境中，并且距危险点的距离适当，以便相关人员有足够的时间来注意它所表示的信息；

⑧沾满灰尘、油脂类等脏物的安全标志，及时清理干净，确保其所表达的安全信息清晰明确；

⑨安全标志位移、错位，及时予以调正，防止相关人员因不能迅速注意、明白安全标志表达的安全信息而发生意外。

4. 渡槽施工保通

K63+952、K64+952、K64+995、K71+025 渡槽上部构造均设计为 1×11 米现浇钢筋混凝土槽形梁，下部构造 0 号台采用重力式台、扩大基础，1 号墩采用柱式墩、桩基础。根据 4 座渡槽现场地形情况，渡槽保通采取两种方式：

①地势宽阔、有条件在线外修建便道时，采取线外新修便道保通方式，本保通方式作为首选；

图 7-3-5　2017 年 4 月 2 日 K32+000 处雪崩路段路面拓宽

②左侧靠河道悬崖边无法加宽修建线外便道时，采取 0 或 1 号单边桥台施工、另外半幅通车的保通方式；槽形梁搭设支架施工时，在支架中间预留宽 3.5 米高 4 米车行通道，确保车辆通行的保通方式。

5. 路面施工保通

本次公路整治改建路面设置为沥青混凝土和水泥混凝土两种路面形式，路面基层采用砂砾垫层和水泥稳定基层结构。

对于 4 米宽沥青混凝土路面须一次性使用摊铺机铺设，白天采用临时交通管制后分段铺设，施工完毕后沥青表面温度低于 60 度即可开放交通，分段铺设断道时间一般不超过 3 个小时；尽量安排夜间无社会车辆通行时进行沥青路面的铺设，以减轻道路保通难度，加快施工进度。

本合同段内共设 9 段总长 819 米，宽度均为 4 米的单车道水泥混凝土路面。有条件的路段从侧面设临时便道的保通方式，确无改道条件的路段，与设计单位协商改成两幅路面，采用半幅施工、半幅通车的保通方式。

路面底基层砂砾石施工时，采用半幅铺设，半幅通车的保通方式，路面水泥稳定砂砾基层须一次性使用摊铺机铺设，白天采用临时交通管制后分段铺设，在碾压完成后，铺设加厚棉毯 2 层厚约 20 毫米，即可通行车辆，同时加强洒水养护，分段铺设断道时间一般不超过 3 个小时；尽量安排夜间无社会车辆通行时进行水稳基层的铺设，以减轻道路保通难度，加快施工进度。

6. 上边坡施工保通

合同段内设置有上边坡的坡面危岩清理设主动防护网、削坡后设锚杆框架、清坡后设护面墙、截排水沟等项目，因上边坡危岩清理、削坡、开挖土石方时，滚落到道路上的石块较多，需采取临时断道的施工方式，由专职保通员现场指挥交通，每次断道时间控制在 2 个小时以内，根据交通量放行 1 小时后继续施工。

7. 下边坡路肩墙、挡墙施工保通

①下边坡路肩墙、挡墙开挖基坑后有条件半幅通车的段落，在安全防护设置齐全后采用半幅通车的保通方式，本保通方式作为首选；

②狭窄路段下边坡路肩墙、挡墙开挖基坑后无法半幅通车的段落，采取在靠山一侧设置临时便桥通车，桥下外侧跨径以内开槽修建挡墙的保通方式。根据现场情况便桥跨径设置 10—40 米，长挡墙段采取间隔分段施工形式，可两段同时施工。

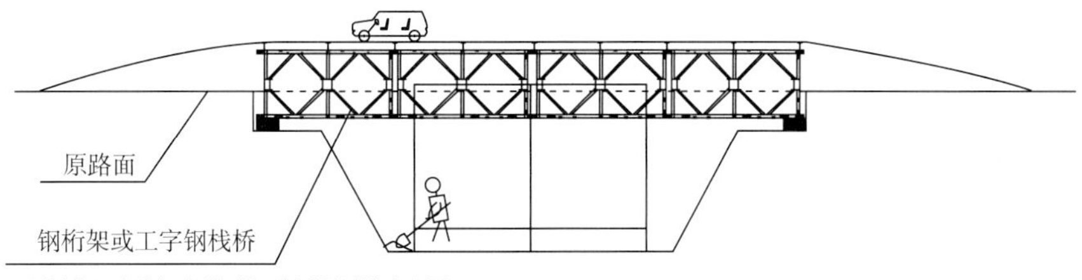

图 7-3-6 下边坡挡墙施工道路保通方案示意图

三、施工道路保通管理

（1）项目部根据各施工保通难点、重点路段做专项具体的保通方案报监理部、业主审核批准后实施。

（2）在施工路段的两端设置显示正在施工的警告标志，标志准确、醒目和齐全，标志与施工路段的距离应根据现场施工范围、交通量大小情况确定。

（3）半幅通车的路段，在车辆驶入的前方设置指示方向和减速慢行标志。

（4）便道、便桥（涵）通车路段应加强日常养护，做到路面平整、不积水，干燥路段经常洒水养护、控制扬尘，泥泞路段及时采取换填砂石材料措施。

（5）在桥涵、挡墙基坑开挖无法保证通车路段，先建好通车便桥（涵），在两端应设置警告标志，夜间在路栏上设置反光膜标志并在两端安设爆闪灯。在路肩上树立通向便桥、便道的指示标志。

（6）在居民或公共场所附近开挖沟槽时，设安全、可靠的护栏及搭设跳板供行人通过。

（7）保通工程日常维护。

项目部建立专职保通员，对保通便桥、便道及其保通设备随时检查其使用情况。建立专职保通作业队，保通作业队设交通疏导组8—10人，负责各单向通行段及危险路段的交通疏导和临时交通管制；便道维护组8—10人，负责施工现场便道、安全警示设施及标语标牌的维护，使便桥、便道等全天候保持良好的行车条件。

对监理单位、业主单位提出的保通整改要求，根据现场情况及时进行处理，做到整改通知及时，迅速反应、回复。

第八篇　科技创新篇

概　述

波墨公路在上期“新改建工程”完工后尚不是等级公路，本期整治改建工程的目标是使波墨公路成为山岭重丘区四级公路，部分三级，总体四级，局部因自然条件限制还达不到四级标准。虽然等级不高，但它所面临的难度和所需要的技术含量，其他同等级公路也无法与之相比。

本期工程的建设者们运用科技创新攻坚克难，在桥梁主缆更换无工程实例可供参考借鉴的情况下，开发运用了新工艺、新技术，确保了达国大桥和西莫河大桥加固工程的顺利完工。针对波墨公路路基沼泽翻浆严重的情况，建设者们因地制宜，采用大粒径卵石挤淤造壳工艺，使路基稳定度得到很大提高，路面质量得到极大提升。这些科技创新不仅彰显了建设者的智慧和科技的力量，而且为未来的公路工程建设提供了经验。

本篇对本期波墨公路整治改建工程所创新与运用的 2 项新工艺和 2 项新技术进行记述。

第一章　危桥改造的新工艺新技术

达国大桥和西莫河大桥加固工程，是全国首例更换主缆的加固整治类悬索桥，无工程实例可参考、借鉴。项目办从进场之初就组织工程技术人员认真熟悉设计图纸，了解设计意图，充分掌握现场情况，制定了详细的实施性施工组织设计。在施工过程中针对重要工程部位编制了具有指导意义的专项施工方案，通过实地调查和研究，开发运用了两项新工艺，两项新技术。

一、猫道与支架组合施工平台新工艺

地锚式悬索桥传统的主缆架设以及吊杆安装通常采用猫道作为施工平台。由于达国大桥、西莫河大桥新旧主缆间高差较大（达国大桥最大约 9 米），单层猫道不能满足双通道施工作业要求，综合考虑其安全性、实用性和经济性等因素，采用边跨猫道与中跨支架平台组合的施工方法。

图 8-1-1　西莫河大桥

边跨猫道满足施工通道、主缆架设以及无吊索夹安装，中跨支架双层平台满足施工通道、主缆架设、旧索夹拆除、新索夹安装、索力调整、旧主缆拆除等功能性要求。

二、吊杆置换施工顺序新工艺

地锚式悬索桥传统吊杆安装方法一般采用从跨中往边跨或者由边跨往跨中顺序进行，桁式加劲梁由铰接逐步过渡到半刚性、刚性连接；但该项目加劲梁及桥面系为原桥利用，且原系统病害较多（下挠、翘曲等），采用传统的吊杆安装顺序以及按无应力长度控制安装的方法不能满足该项目施工要求。

加劲梁在全漂浮状态下进行吊杆置换，传统安装顺序均会使加劲梁前期整体下沉、后期整体抬高的一个过程（最大值约30厘米），不利于旧系统受力以及支座安装、伸缩缝钢板保护等；且若一开始就采用传统施工方法按吊杆无应力长度控制安装，则会出现新、旧吊杆都严重受力不均的现象，甚至会威胁到新旧两套系统的结构安全。

因此，本期施工前，通过大量的模拟分析比较，确定了最佳的吊杆安装顺序以及

图8-1-2 达国大桥全景

安装工艺。在首轮置换中，采用安装张力控制的施工工法，既保障了置换过程中加劲梁前期整体抬高后期整体下沉，利于边跨双向支座安装以及伸缩缝钢板保护，又能使吊杆受力均匀。在吊杆第二轮张力调整时采用无应力长度控制为主张力为辅，进行桥面线型优化调整。第三轮则进行局部吊杆索力调整，同时满足吊杆张力、桥面线型、主缆线型、主引桥高程衔接等控制指标。

通过本次荷载试验检测，桥梁承载能力以及各项检测指标完全达到设计要求。

图 8-1-3 承台施工

三、吊杆置换装置新技术

本次新旧吊杆置换施工，采用了一种新的吊杆置换装置，其工作原理是：用连通器连接一台油泵以及两台千斤顶，保证两台千斤顶输出力相等，利用旧吊索上锚头有限空间安装钢支撑架，用钢绞线连接器与千斤顶连接，启动油泵开始工作，进行旧吊杆拆除或者新吊杆安装施工。

该装置与传统的临时吊索或者临时兜吊系统相比，具有作业空间需求小、直拉杆左右两侧受力均衡、拆除安装操作方便、调节范围大，对吊杆无应力长度、吊杆拆除或者安装张力进行精确控制等优点。

四、基准索股以及索夹安装施工放样新技术

为保障基准索股以及索夹安装精度，本期施工采用带自动照准功能（ATR）的“徕卡 TCRA1201+”全站仪来完成施工测量放样工作。

通过 3 个白昼的连续观测并修正温度影响后，确定并调整好了基准索股安装线型；主缆安装并整形完成后进行索夹放样，首先进行至少两站的跨中点控制测量，确定后再进行至少两站的 1/4 点控制测量，然后由跨中点开始向两端拉尺确定索夹安装位置，跨中点与 1/4 点之间以及 1/4 点与索鞍中心点之间形成相互印证关系，若尺

量累积误差超过5毫米 ×n则进行重新划分，小于该值则分摊误差重新标记（3点标记）。

该技术的优点是放样效率高、系统误差小，能够保证每个索夹安装精度均小于5毫米（规范限值10毫米）。

通过对上述新工艺、新技术的运用，确保了施工安全和结构安全，提高了施工质量和施工精度，通过第三方检测机构的桥梁检测试验，各项指标完全达到设计成桥目标。

第二章 路基大粒径卵石挤淤造壳工法

波墨公路整治改建工程项目所处区域降雨量异常充沛，且持续时间长，加之公路沿线地质条件异常复杂，多为复植土，沼泽翻浆严重，考虑到项目工程线河滩中砂砾广泛分布，加之项目造价有限，结合抛石挤淤经验，遂提出大粒径卵石挤淤造壳工艺，经过实践，路基稳定度得到很大提高，路面质量得到很大提升。

一、发展现状

软弱地基处理的一种方法常见方法即抛石挤淤，是在路基底从中部向两侧抛投一定数量的碎石，将淤泥挤出路基范围，以提高路基强度。一般指用片石投入软土中，将淤泥挤出，以提高地基强度的措施。此法施工时不用挖淤，不用抽水，较为简便易行。适用于较稀的软土，表层无硬壳、厚度较薄、能使片石沉达底部者。但一般用于软土层厚度小于 3 米的情况。结合项目沿河卵石多，软基深度深、工程造价有限等特点，特提出路基大粒径卵石造壳工艺，此工艺适用于软土层较深和常年积水且不易抽干的湖、塘、河流等积水洼地，以及表层软土的液性指数大、层厚深、片石无法下沉到下卧层以下，且工程造价有限的情况。

与其他加固方法相比，此工法施工方便快捷、不用挖淤、造价低廉、施工迅速，特别适用于软弱地基表层处理。对施工区域附近石料丰富，运输距离较短的情况，采用此工法进行软基处理，可以有效节约施工成本，缩短工期。

二、工法原理

此工法就是通过向流塑状的高灵敏的淤泥表面大量集中抛填乱石填料，依靠填筑体的自重挤开淤泥，并在路基表层形成一层较厚硬壳，以保证整路基稳定性的路基加固方法。

淤泥质软土的含水量大、孔隙比大、强度低，又为高灵敏土。这种土体具有明显的触变性，一旦受到扰动，淤泥结构从絮凝结构（胶粒凝聚）变成某种程度的分散结构（胶溶现象），结构强度急剧降低，这为施工中采用挤淤方法，使土石填筑体直接挤开淤泥，沉至淤泥中形成人工置换地基，提供了有利条件。在这种土体中进行抛填施工，土石填筑体产生的压力（包括大型车辆、施工机械行走的工作压力），会使得淤泥产生整体剪切破坏，填筑体两侧的淤泥会向上翻涌、隆起，并在淤泥中产生连续的滑动面。于是，土石填筑体便挤开淤泥，不断座滑下沉至淤泥内一定深度，达到新的极限平衡状态，产生压载挤淤效果。对于淤泥面，当抛石瞬间挤入淤泥时，淤泥会受到剪切破坏，随着抛石体下方的淤泥被挤出，抛石体两侧的淤泥就会壅起，而且两侧壅起部分的截面积之和应等于挤入淤泥中抛石体的截面积。在抛石体坡脚处，壅起的淤泥会在自身重力作用下逐渐回壅，达到平衡。静置后，被挤淤泥土体中的超孔隙水压力逐渐排出，有效应力逐渐增大，淤泥的结构强度逐渐恢复，承载力逐渐加大，填筑体日趋成为悬浮于淤泥中的硬壳稳定结构。此工艺地基处理就是基于以上原理，通过向流塑状高灵敏度淤泥质土表面大量集中抛填土石方料，依靠填筑体的自重和施工机械的工作压力，将淤泥强行挤出基底范围并占据其位置，达到强制置换淤泥质软土的目的，并在沼泽淤泥表层形成一层硬壳，以此来提高地基承载力，减小沉降量、提高路基的稳定性。

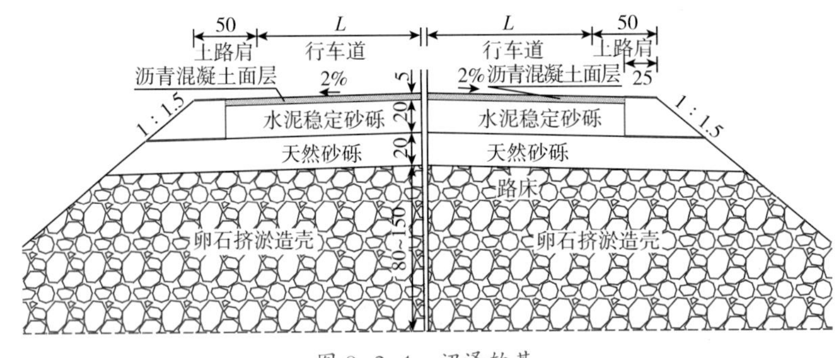

图 8-2-1　沼泽软基

三、施工工艺

1. 抛石

抛石顺序从中部开始向两侧展开或单侧抛置，使淤泥向外侧挤出；抛石主要采用挖掘机投掷，装载机、推土机配合；投掷卵石要求布料均匀。

2. 推平

所投掷的卵石高出原地面后，采用设备推平。

3. 碾压

经推土机推平后，使用重型压路机碾压。在碾压过程中适量加入细料填隙整平并反复碾压。

第九篇 党建文化篇

概　述

波墨公路从无到有，从通到畅，是几代人的梦想，更是几代人的坚守。有策划者的勇毅果敢，有设计者的跋山涉水，有建设者的披肝沥胆，有管理者的呕心沥血，有养护者的兢兢业业，更有党组织和党员作用的充分发挥，是他们共同的努力，筑就了这条高原天路。

从 1975 年首次成规模修建波墨公路，到 2020 年波墨公路整治改建工程竣工，为了修建、完善这条目前墨脱县唯一的公路，有太多人付出了热血与汗水，还有很多人献出了宝贵的生命。他们的事迹值得铭记。

本篇谨对本期波墨公路整治改建工程中的党建活动掠影和建设一线的部分人物事迹做简述。

第一章 工程建设中的党建工作

波墨公路整治改建工程项目办公室常驻施工现场，在 80K 设立项目办总部，并在墨脱和波密两个县城设置分部，党组织随行政组织而建立，哪里有工程建设，哪里就有党组织。

项目办党组织，不仅把本单位的党务工作开展得有声有色，还以党的建设促项目建设，在重要时间节点，邀请所有参加工程建设的单位党组织，与项目办一起开展党建活动。

施工单位党组织，一方面在本合同段充分发挥党组织和党员的三大作用，另一方面运用党建优势，把党建文化融入所在地的地方文化，增进了理解，为工程建设提供了和谐环境。

一、波墨公路整治改建工程项目办

图 9-1-1 为庆祝建党 99 周年，2020 年 7 月 1 日上午，波墨公路整治改建工程项目办组织全体员工及部分参建单位人员共同观看红色教育片《建党伟业》及《见证初心和使命的十一书》

图 9-1-2　2020 年 7 月 10 日，波墨公路整治改建工程项目办组织全体员工重温《全面从严治党在西藏》《巡视利剑》等反腐倡廉教育

图 9-1-3　2020 年 11 月 3 日，波墨公路整治改建工程项目办组织全体干部职工集中学习《中国共产党第十九届中央委员会第五次全体会议公报》

图 9-1-4　2019 年 10 月 1 日，波墨公路整治改建工程全体参建单位集体观看阅兵式

二、第一合同段山西路桥建设集团有限公司

图 9-1-5　山西路桥建设集团有限公司慰问藏族同胞

三、第二合同段中铁十局西藏有限公司

图 9-1-6　第二合同段波墨公路项目党支部组织党员重温入党誓词

第二章　整治改建工程中的建设群体

参加修筑墨脱公路的人中，有藏族、有汉族，有技术专家、也有普通工人，他们来自祖国的四面八方，组成了一个无坚不克、无坚不摧的建设群体。雪崩、泥石流、塌方、蚂蟥、毒虫……所有的困难在他们眼中都不以为意，他们闯过生死关，拧成一股绳，以一往无前的拼搏精神奋斗在波墨公路上，共同谱写了公路人新时代的华章。

打造一条与大自然和谐共生之路

——访国道 559 线波密至墨脱公路整治改建工程（一期）项目负责人、西藏自治区重点公路建设项目管理中心副主任邹宗良

邹宗良调任国道 559 线波密至墨脱公路整治改建工程（一期）项目（以下简称“墨脱公路”）负责人时，才 30 岁出头，他清楚地记得，上任时间是 2009 年 4 月。5 年后，墨脱公路通车，他也收获了人生中最难忘的一段经历。

接手“不可能完成的任务”

墨脱，自古有“莲花秘境”的美称，但山河阻隔的“秘境”里，珞巴、门巴百姓却世代沿袭着爬天梯、滑溜索、过独木桥等极为原始的出行方式，交通落后阻碍了墨脱经济社会发展，“莲花秘境”仿佛成为与世隔绝之“孤岛”的代名词。

图 9-2-1　邹宗良

数十年来，墨脱公路的建设始终牵动着党中央、国务院领导人以及全国人民的心，西藏自治区党委、政府，交通运输部，西藏自治区交通运输厅始终未曾中断针对墨脱公路建设的研究。交通运输部数度派出业内专

家到西藏，勘测、研究墨脱公路建设，几代交通人付出了艰苦卓绝的努力和难以想象的牺牲，经历了初建阶段反复失败、初通之后又断通的坎坷，墨脱县一度因成为全国唯一不通公路的县而闻名，墨脱百姓想路、盼路，可谓望眼欲穿。

墨脱县位于喜马拉雅山东端著名的南迦巴瓦峰南麓，深藏于高山峡谷之中，雅鲁藏布江劈开喜马拉雅山在南迦巴瓦峰脚下急转弯，形成了举世无双的深切高山大峡谷，全长几百千米的峡谷主体段穿墨脱而过。这一地区为欧亚板块与印度洋板块的“缝合线”，地震频繁且烈度高，是世界地质环境最不稳定的地区之一。巨大的海拔高差，多样的垂直分布气候，频繁的地震、强降水等因素的综合作用，造就了此地泥石流、滑坡、崩塌等灾害密集多发，成为西藏最著名的“地质灾害博物馆”。邹宗良说，在此修建任何工程几乎都是“不可能完成的任务”。

“墨脱摆脱贫困的唯一机会就是修通公路，与外界经济脉络相连，当地百姓才能与全国各民族群众一起享受到国家经济社会大发展的成果和红利。”修通墨脱公路，是包括邹宗良在内的西藏交通人深植心间的责任和使命。

刚到墨脱公路项目，邹宗良的第一个职务是工程部长，只干了两个月，他就接到了区重点公路建设项目管理中心的文件，任命他为墨脱公路项目的负责人，总体指挥工程实施。

“压力真大啊，我那时候还缺乏作为重要项目负责人的工作经验，没想到第一次总体负责的工程项目就是墨脱公路。”但是，对于一个习惯将自己热爱的工作当成事业全力钻研、拼搏的人，重压之下激发出来的是前所未有的斗志，面对墨脱公路建设的巨大难题，邹宗良只有一个态度——拼。

攻坚克难：“擒贼先擒王”

指挥墨脱公路工程，扑面而来的难题有两方面：一是资金紧缺，由于这条公路沿线地质极其复杂，建设过程中难免进行设计变更，导致工程建设资金非常紧张。二是工程中的嘎隆拉隧道和达国大桥、西莫河大桥等“咽喉”节点的建设正遇重大技术难题，导致整体工程进度几乎停滞。

经过一番调研和日夜思索，邹宗良决定将解决资金紧张和攻克关键节点两大难题统筹决策。他分析，墨脱公路建设的成败首先取决于嘎隆拉隧道是否能够修通，为此，他提出将某标段30千米的道路施工暂停，将有限的资金高度集中用于攻坚嘎隆拉隧道建设，优先解决主要矛盾——“擒贼先擒王”。

严酷的问题就摆在眼前，解决不了，则意味着墨脱公路建设将再一次宣告失败，邹宗良首先和设计代表及项目管理团队的主要专家重新认真研究隧道掘进施工方案，针对隧道中间段涌水问题，最初设计的是以大管棚全断面帷幕注浆措施来解决，他和其他技术专家根据现场实际情况进行重新研判后，提出以小管棚进洞更好，因为大管棚进洞资金消耗大，掌子面大必然加大施工难度、拖慢施工进度，再就是掘进面积越大，涌水、塌方等发生率也越高。在高海拔地质活跃区，采取小管棚施工，工程量小、相对灾害影响面小、节约经费且进度更快。

基于团队的这些判断，项目部调整了嘎隆拉隧道建设方案，随后的施工取得了突破性进展，隧道一节节向墨脱顺利掘进。

而邹宗良高度的责任心和处理难题时的果敢与魄力，也让领导看到了他作为优秀工程项目管理者的潜力。在墨脱公路施工中，许多问题的解决无可借鉴，做出决策的过程要承担多大的风险，邹宗良并非不知道，但扎实的业务素质让他有了承担风险的底气和胆量。

嘎隆拉隧道施工过程中还遇到过以何种方式释放岩体内部高压的争议，施工单位根据经验判断认为需要以爆破手段来解决，但邹宗良察看了现场后分析，问题还达不到需要岩爆的程度，可以采用应力释放手段相对柔性地解决，避免爆破导致山体内部高压突然释放可能出现的安全事故，而且更省钱。邹宗良的科学分析说服了施工单位最终采取他的方案，安全顺利地解决了难题。

2011 年 12 月 15 日，是令墨脱公路所有参建者难忘的日子，嘎隆拉隧道打通了，从根本上克服了嘎隆拉山每年大雪封山对墨脱公路通行的制约，将原来每年通车时间由不足 3 个月提高到 9 至 10 个月。嘎隆拉隧道的修通，成为墨脱公路最终胜利建成的决定性因素。

在嘎隆拉隧道的攻坚过程中，邹宗良还同时着力于解决达国大桥、西莫河大桥施工中的棘手难题，以破解墨脱公路建设中的另一段咽喉障碍，在不断地探索和实践中，桥隧建设的最大难题都在同期得到了稳步解决。

2013 年 10 月 31 日，墨脱公路通车，墨脱县终于撕下了“中国最后一个不通公路的县”的标签。

在墨脱公路的建设中，邹宗良展示出的敏锐、能力和担当，得到了交通运输部、西藏自治区交通运输厅领导和专家的充分肯定和赞赏。

“墨脱公路的每一块石头都认识我”

“墨脱公路通车后我就离开了项目部，此后多年我再也没有回去看过那条路，也不想再回去。”这条路有时让邹宗良的心感到隐隐疼痛。

他虽然发自内心地感谢参与墨脱公路建设的机会，让他全方位提升了工程技术水平和项目管理能力，但工程建设留给他的记忆大多是超乎寻常的苦、难、急、险，尤其深刻的是那些为墨脱公路建设付出生命的曾经很熟悉的同事、同行，让他永远难以忘怀，每每触景生情。

邹宗良负责墨脱公路建设的5年间，“长”在了这条100多千米路的工地上，几年休假时间加起来不超过20天。“墨脱公路上的每一个灾害点、每一块石头都认识我了。”他几乎每天都往返于各个工点，让他牵心的是随时可能遇到的各种问题和困难。“墨脱的雨景和雪景对旅行者来说很美，但我们一遇下雨或下雪天就焦虑、心烦，因为这意味着工地上又有可能发生滑坡、塌方或雪崩，我们施工人员的作业风险又加大了。”

他在巡视工地时，工作车常常行驶在深不见底的悬崖边，时刻都有坠落山谷的危险，在夏天连绵的大雨中他也多次遇到过突然而至的泥石流和从山上滚落的巨大飞石，在冬天大雪时节被飞刀一样的雪片划着脸还要艰难前行，甚至被突发的雪崩困在山上的经历至今让他心有余悸。

但在特殊的地质、气候条件下施工，难免会有牺牲，邹宗良最忘不了的是那些头一天还在一起工作的活蹦乱跳的人，第二天突遇险情就牺牲了。他尤其深刻地记得有个夏季的正午，工地上突发泥石流，山上的泥浆裹挟着一棵连根拔起的大树冲向工地帐篷，里面做饭的女工浑然不觉，瞬间就被泥石流和大树碾压在帐篷里失去了生命。这类事成为他心头永远挥之不去的伤痛。

“作为项目管理者和技术决策者，我只是动动脑子，但是一线施工人员把生命都奉献给了墨脱公路，他们才是真正伟大的建设者。”在墨脱公路工程上的几年，邹宗良深刻地感受了人类的力量在大自然面前的微不足道，这让他更加敬畏大自然，坚定地树立了尊重自然规律并利用自然规律为工程建设服务的理念。他认为，交通建设必须找到与大自然和谐共生的路径，达到工程与环境天人合一。

修路架桥是一生中的无上荣光

“在青藏高原上从事交通工程技术工作比内地同行要付出更多的艰辛，但也会对修路架桥造福人类的伟大事业有更加深刻的认识，会塑造更加坚定的奉献型人格，在精神境界上会有质的飞跃。”邹宗良说。

从修建川藏公路、青藏公路开始，就有无数英烈捐躯，他们是时代的担当，也是中华民族之魂，通过参与墨脱公路建设，让邹宗良更加深刻地理解了“两路”精神的伟大内涵。

邹宗良感觉自己很幸运，能成为西藏交通一分子，能参与墨脱公路建设，为国家、为西藏、为雪域高原百姓修路架桥，贡献自己的力量，是一生中无上的荣光。

我想变雄鹰，飞过嘎隆拉

——波墨公路整治改建工程项目指挥长罗文东

罗文东是波墨公路本期整治改建工程项目指挥长。已经有着20余年筑路经验的罗文东，在参与波墨公路整治改建工程项目之前，曾在日喀则康马县到亚东公路整治改建工程、亚东到乃堆拉边防公路项目、昌都竹巴龙乡至巴塘海通沟兵站公路整治改建工程等项目三度担任工程部长；还曾在海通沟兵站至东达拉山公路整治改建工程、海通沟兵站至东达拉山公路整治改建工程两度任职指挥长。这些项目无论是线路长度、工程体量还是资金量，都在本期波墨公路整治改建工程项目之上。

图 9–2–2　罗文东（右）

从业务能力、管理经验等方面的历练来看，罗文东担任波墨公路本期项目的指挥长，他足以充满自信。但是，当上级把这副担子交给他的时候，他还是陷入了深思：不接这副担子，辜负了组织的信任与重托；接吧，前面显然是一条荆棘之路。

但作为一名西藏交通人，罗文东知道，西藏的发展，离不开公路的发展，作为西藏同时也是全国最后一个通车的墨脱县，墨脱人民对于公路的渴望与依赖是一般人难以体会的，而他作为一个受党培养教育多年的藏族高级工程师，一个“两路”精神的新传人，每天的工作，就是在以实际行动传承弘扬“两路”精神，能多为自己的家乡百姓做一些实事，是理所应当的。波墨公路，舍我其谁?

为了对沿线地质灾害进行透彻的排查，罗文东采取了三步走的策略。

一是广泛、虚心走访一期参与施工单位、业主单位负责人，在交流中积极汲取经验教训，查难点，找重点，做到心中有数。

二是积极寻找“外援”，借助外力，从墨脱机械化养护队借调良将陈金，依托其对于波墨公路多年的养护经验，揪细节，谋对策。

三是要求参建单位提前派驻技术骨干，对全线进行多角度、全方位、高风险评估，对于困难做到了然于胸，并在方案设计、资金配置、人员管理上，提出针对性的意见，最大程度降低建设单位的不可控风险。

与此同时，罗文东带领团队反复走过波墨公路的每一里程，一路上手捧图纸仔细核对现场，力图在蛛丝马迹中发现不易察觉的隐患。

他根据波墨公路泥石流频繁突发的情况，归纳其发作前期往往为不起眼的山间细流的事实，并大胆推断，可能是由于山顶汇水面崩落石头或者树枝形成小型堰塞湖，最终由于突降大雨临界点崩溃造成泥石流。为了验证这一情况，他从项目中心调用无人机进行巡视。果然，不出罗文东所料，那些山间细流的源头，很多都是迷你堰塞湖，如果不及早采取有针对性的措施，一旦雨势加大，随时都有突发泥石流的可能。

为了解决这一隐患，罗文东采取分段设置拦水坝的方法，以求逐次卸去泥石流的能量。这种未雨绸缪的做法最开始还受到了不少质疑，有人认为为一小股水如此大动干戈，费时费力还费钱，实在有些不划算。但罗文东坚持自己的做法，而2019年夏季的几场大雨也证明了他的坚持是正确的，这些看似不必要的拦水坝发挥了巨大作用，经受住了考验，成功地避免了不必要的人员财产损失。

除了泥石流，波墨公路上的飞石、雪崩是另外两只拦路虎。针对飞石，通过细致排查，罗文东制定主动防护网与被动防护网双管齐下的策略。面对破坏力更为惊人的雪崩，他在设计阶段便主动介入，对于坡急路窄的路段采取避绕方式，错开主雪槽，在坡缓面宽的地段，设置混凝土拦雪墙，事实证明，这些措施在应对2019年的冬季雪崩中都发挥了功效，没有发生以往大规模、长时间断路的情况。

作为进出墨脱的唯一通道，波墨公路的保通工作显得尤为重要，而嘎隆拉隧道出口的棚洞原始设计为明洞，按技术要求要下挖6米，但这样一来至少要断路3个月，明显不具备实操条件。鉴于此，罗文东与设计单位协商，果断进行变更，改为加强型混凝土棚洞，基础施工既能顺利进行，同时又不影响进出车辆通行，做到了两全其美。

波墨项目另外一处重要变更来自K80至墨脱县城的二标，49千米路面全部由沥青改为了混凝土，直接增加投入达到了3000多万元。反观混凝土路面，虽然前期投入大，但使用寿命长，养护成本低，修缮更为便利快捷。一标10千米回头弯沥青路面也全部改为混凝土路面，从而根本上解决了重型汽车置动后产生水平推力对于路面的破坏，提升了波墨公路的安全性能。

嘎隆拉隧道是进入墨脱的第一关。罗文东已记不清来来回回走了多少次，最多的时候，一天来回跑三趟，他说“要是我能变成一只雄鹰，能飞过去，又飞回来就好了。不过，藏族有句谚语说得好：雄鹰飞得再高，影子还在地上。工地上这么多的事儿，责任这么大，哪敢松半口气”。

他唯有以更出色的表现，才能对得起组织的信任、同事的帮助、家人的付出。然而天有不测风云，虽然管理到位，但墨脱恶劣的地质条件还是给罗文东带来了相当大的麻烦，特别是二标段总工及项目经理在巡视安全隐患工作中，被突然垮塌的飞石砸中意外故去。虽然是意外，但仍给大家的心头蒙上了巨大的阴影。管理层辞职，施工队撤走，多重困难下，罗文东硬是挺了过来。

罗文东相信，只要是不懈奋斗和顽强坚守，墨脱这朵隐秘的莲花，一定能以最美丽的姿态绽放于世人面前。墨脱人民也将沿着这条生命路、发展路、幸福路走向更美好的明天。

命中注定，我要修好墨脱路！

——波墨公路本期项目总工程师曹建波

波墨公路整治改建工程项目总工程师曹建波出生在西藏波密县，是一个“藏二代”。

图 9-2-3 曹建波（中）

作为公路建设者，除了阿里地区，曹建波的足迹遍布了西藏的每一个角落。2017年结束其他项目的工作后他首先考虑的便是想去阿里的工程项目，但项目中心领导却给他安排到即将开工的波墨公路。对于这一安排，曹建波最开始心理上是有些抗拒的。因为，波墨公路的一期修建难度之大，在西藏公路建设系统可谓是尽人皆知，尤其是极其不确定的地质条件所带来的一系列的安全隐患，让人难免望而生畏。不过，最终使命担当与责任心还是让他义无反顾地投身于本期项目建设中。

针对波墨公路沿线地质活动频繁、雨水丰沛、泥石流和雪崩不断的现状，他提出保住原有路基尽量不做大的扰动。针对下边坡，对部分有条件的地方进行拓宽处理。对上边坡，考虑到岩体裂隙特别丰富这一事实，尽量避免不必要的扰动，以保持原有状态或者进行加固为主，最终只对两三处绕不开的点位的上边坡进行扩大化处理。

事实证明，他和项目部的决策是非常正确的。3年施工时间里，河对岸虽然没有施工扰动，但经常可以看到大面积的垮塌面，而反观施工路段，虽然泥石流、塌方不断，但除了2020年6月19日和7月22日，墨脱县两场50年一遇的大暴雨造成的两处较大的路基失稳外，路基都保持了稳定的状态。

除了整体思路的把控与选择，作为总工，曹建波更关注施工过程中每个细节的及时了解与把握。为此，他对自己以及下属和监理的要求就是要腿勤，目的就是要在第一时间掌握施工进度以及难点，并及时提出解决办法。除了正常的巡检，他要求工地例会由最初的一个月一次改为半个月一次，会上要把方案性的东西落到实处。

对于安全问题，曹建波更是不敢有丝毫大意。为了调查全线路况，光是无人机就废掉了好几台。但是奈何墨脱山高林密，坡体上面的水径每年都在变化，有些冲沟雨水较小的时候比较稳定，但是经过一场大雨，往往两侧坡体因为支撑不住而向中间垮塌，便会形成小的堰塞湖，等到突破临界点，便会造成一次大的泥石流。

波墨公路的改建工程是成功的。但是对于曹建波来说却有点小遗憾，那就是没有把波墨沿线数不胜数的风景尽情展现出来。如果能再多些资金，他便可以将旅游公路的概念融入其中，多设置一些观景台，让大家更多地领略墨脱的绝美风光。

不畏艰辛，仍待重逢！

——波墨公路整治改建工程总工程师余颖

余颖和波墨公路缘起于2011年，当年，毕业于道桥专业本科，还在西藏武警交通部队一直从事技术工作的他，便参与了当时“波墨公路新改建工程”嘎隆拉隧道的收尾以及后续工程，全程见证了波墨公路修建的艰难困苦以及墨脱县城因为公路通车而带来的天翻地覆的变化。

图 9-2-4　余颖（前排右一）

余颖清楚地记得，当时路况极差，大

型机械根本不具备进场条件，物资运输是最大的难题，嘎隆拉山从 10 月开始的大雪可以一直持续到次年 3 月，此时，人员通行都十分困难，物资运输几乎是不可能完成的任务。筑路物资只能趁夏天从波密先送到 80K 暂存，然后等到冬季 80K 往墨脱方向泥石流较少的时候，再运往墨脱县城。

正因为经历过这些不容易，相较于其他初次接触波墨公路修建的人员来说，余颖更多了一份笃定与自信。

在波墨公路上，桩号 K50+979 处原本是一座钢桁架桥，改建工程计划将其改造为混凝土桥。一场小型泥石流过后，便道恢复施工正在进行中，不少司乘人员等得不耐烦，纷纷要求开车先行通过。眼看劝阻无效，项目单位又无执法权，余颖无奈，只好先安稳住大家，自己只身到便道附近查看路面情况，以确定车辆是否能够安全通行。就在他探视完毕，返身想跟大家解释暂时不能通过时，随着身后一声闷响，一大片山体瞬间轰然滑落，一块飞石从余颖脑后擦过，引得周边人一片惊呼。

2015 年 4 月 25 日，尼泊尔发生大地震，余颖奉命前往救援。大地震带来的数百次强余震每天都在发生，滑坡塌方遍地都是。有一次在回程的路上，由他带队的小分队还被夹在了两处突如其来的大型滑坡的中间，前进不能后退不成，很长时间跟部队通信失联，变成了“失踪人员”。彼时的余颖真切感受到了内心的恐惧，但这次难忘的经历也让他拥有了超凡的心理素质和应对困难的十足勇气。

相较于尼泊尔的抢险救灾，墨脱的泥石流反而成了余颖眼中大山偶尔犯的小脾气，不值一提。只是相较于其他地区来说，墨脱的泥石流不确定性更大一些，确实有些让人头疼。如果单纯从技术角度来看，余颖认为墨脱公路的修建基本没有任何难度，需要克服的更多是不断重复工作带来的挫败感。因为波墨公路整体地质非常软，经常是一段路面刚刚整修好，一场雨下来，几辆车一碾，翻浆特别严重，而最糟糕的是，由于墨脱雨季特别漫长，导致某些路段修了四五遍还是老样子。

面对这种情况，多走多看多了解现场情况就成了余颖工作的日常与必需。为了检查边沟涵洞质量、挡墙是否稳固、排水系统设置是否合理等等细节，余颖前前后后至少步行三四趟。波墨公路的每个边边角角、细枝末节全都装在他的脑子里，不用看图也能如数家珍。

整治改建后的波墨公路，基本上已经可以保证全年通车，这跟 2013 年波墨公路理想状态下全年仅有 10 个月的通车时间相比，已经有了很大的进步。随着墨脱的发展加速，波墨公路的下一期提升建设肯定也不会太远，他期待着与波墨公路的再一次相见！

心系安危　情注环保

——波墨公路项目安全环水保部部长岳恒

图 9-2-5　岳恒（后排右四）

2017年，刚刚结束中交三公局二公司江苏项目的岳恒幸运地获得了援藏名额，来到拉萨项目中心报到，在短暂的适应期过后，便被挑中到了墨脱。

作为项目办的安全环水保部部长，安全和环保自然是工作重点，但是墨脱的自然和地质条件好像对于这两项工作特别“不友好”。波墨公路全线100多千米均在国家自然保护区内，项目指挥长跟他说的第一句话就是，红线外坚决不动一锹土。为了不触碰红线，岳恒研读了相关法律法规，更是把环评报告翻了不知多少遍，但即便如此，也很难做到不出问题。仅就一个保护树种来说，就有樟木、楠木、乌木、铁木、红豆杉和桫椤等80多种国家级重点保护珍稀植物，为了识别这些树种，岳恒一是按图索骥，现场多看多走；二是依托水保监测部门的专家，多问多学，生生是把自己也逼成了半个植物专家。在熟悉情况后，他通过微信群等多种方式将包括名贵树种在内的相关信息广而告之，不断提升项目参与者的保护意识。在一次清除泥石流的现场，施工人员恰恰就是凭着微信图片中的一点印象，辨认出了一棵名贵的桫椤树，报备相关部门，并及时进行了移栽，从而保护了当地生态资源。

环保方面另外一个难点是渣土的弃置和合理利用。原来波墨项目中计划有9处取弃料场，但考虑到环境保护的问题，最后只保留了一处，这就要求所有的渣土都要进行精细化管理。所有上边坡拓宽所产生的土石料，项目中心都要求码放整齐，以便台背回填或者修筑挡墙的时候备用。

2018年初夏，夜里12点多，刚刚在80K（现路54K）驻点入睡的岳恒便被一阵阵如爆破般的巨响惊醒，伴随着的是大地不停的振动。大家一夜无眠，直到第二天清晨巡路才得知，是距离驻地4千米远的地方发生了大规模泥石流，前夜的声音和振动都源于此。像这种规模的地质灾害虽然不能说是家常便饭，但绝不能说罕见，而且沿线雪崩、塌方几乎全年不断，都给项目安全管理带来了极大的不确定性。

2019年初，刚过完春节，嘎隆拉山便飘起了大雪，他和工程部长两人连同司机三人驱车向波墨方向赶，离开驻地不足8千米，大雪便已淹没了车轮，车子死活走不动了。工程部长邓嘎林下车徒步前行，留下岳恒一个人为车轮扒雪，但一个多小时过去，也没能让汽车前进多少。后来他和司机找到了“妙招”，先往前开，开不动的时候倒车，再加速向前冲，好好的一辆霸道越野车，活生生让他们开成了推雪车，就这样开了几个小时，才终于和一标驻地的铲雪车汇合。得知大家都安然无恙，岳恒的一颗悬着的心，才算放下来。

岳恒坦言，刚来项目的时候真心是打过退堂鼓，但随着项目的深入进行，项目中每个人都培养出了一颗“大心脏”，谁都没有了“小心眼”，大家处变不惊的态度和高度的集体凝聚力，才让他最后坚持了下来。

2019年，正值职称评定的关键时刻，公司打电话想提醒他尽快提交论文，没想到正好这段时间墨脱手机信号中断了整整14天，也让岳恒错过了当年的职称评定。虽然为了这条路，错过了太多，但他从没有后悔过。作为一名援藏公路建设者，岳恒以参与过波墨公路建设而感到骄傲！

父辈没有修完的路，我们接着干

——波墨公路整治改建工程工程部部长邓嘎林

邓嘎林，是土生土长的藏族康巴汉子。他父亲是西藏交通系统“桥工队”的老一代筑路工人，参加过修建岗嘎大桥，也领着知青队修过墨脱公路。他说自己有交通的血脉，出生在路边桥下，天生就是“筑路人”。

图9-2-6　邓嘎林（右三）

在波墨公路整治改建工程项目中，他担任工程部部长。他说恐怕此生参与过的最艰险、最特别、收获最大的工程就是波墨项目了，这条路堪称“世界地质灾害博物馆”，他处置过大量突发自然灾害引起的工程受阻的险情，让他的业务水平、判断能力得到了前所未有的锻炼和提高。

到波墨项目后不久的一天，连续下了好几天雨，他到一个小桥附近开展灾情排查，桥下原本是干枯的河沟，当他和同事在附近商量工作时，突然，听到身后发出山崩地裂的巨响，过去一看，一场突然暴发的巨大泥石流已将整座小桥冲走，转眼之间，河沟也被填满，冲下来的巨石最大的石径有5米，泥石流经过的路线全部被荡平，眼前的情景惊心动魄。

波墨项目沿线的地质灾害“神出鬼没”，没有相对固定的位置，随处都可能发生难以预测的灾情，规律很难掌握，完全不按“常规出牌”。有一次大雨后，邓嘎林去一个路段查看灾情，一处已发生塌方的山体阻挡了前行，为了赶时间向领导汇报，他拽着从塌方点上方悬挂的一根绳子攀爬过去，刚通过，身后那山体再次发生塌方，整个山体完全倒了下来，这事让他和同事们后怕了很久。

2018年大雪封山的季节，嘎隆拉隧道附近连续下了两天两夜大雪，邓嘎林忧心如焚，因为那段现场不少工程技术人员被大雪困住，还有公安、林业方面的工作人员也困在那里。他和墨脱县领导一起开着车赶往现场，车辆在厚厚的雪里像推土机一样艰难地行进。到现场一看，施工点的房屋快被雪压塌了，由于断了电，又没有手机信号，施工人员不得已把房子上的木料拆下来点燃取暖，苦苦坚持，等待援救，眼前这一幕，令他备感心酸。

查看完灾情，他又要返回墨脱县，去为困在大雪里的另一批一线人员补给生活物资，临走时，他想顺便带上年纪大、身体差的同志一起回县城。但是，在现场没有任何人离开自己的岗位。这件事让他印象特别深刻，也深深地感染了他、教育了他。他说，这就是我们筑路人的责任感和使命感吧！

他特别欣慰的有三件事：一是他在波墨公路本期项目工作的几年里，在他负责的工作范围内，没有发生人员伤亡的重大安全生产事故；二是他和工程各单位的人员结下了深厚的生死情谊，成为一生的宝贵精神财富；三是在波墨项目上锻炼出来的综合能力，使他有信心在其他工程项目中发挥更大的作用。

压力变动力　尽责更尽心

——波墨公路改建工程一标段项目经理周晓兵

2017年7月，周晓兵到波墨公路整治改建工程一标段任项目经理。从此，开启了他参加工作20年来最苦、最难的一段艰辛历程。

一标段起自波密县，全长62.8千米，沿线分布的地质灾害种类齐全、发生频率极高，经常是一边施工，一边抢通。滑坡、塌方、飞石、泥石流、雪崩等不可预料的灾害随时都会造成断路，工程量无疑超过了他以前做过的所有项目。且一标段是全线最长、施工难度最大的一个标段。作为项目经理，他不仅要在险象环生的施工现场做好组织管理方方面面的工作，还要承受施工中巨大的安全风险压力，这让他精神备受折磨。

图 9-2-7 周晓兵（左二）

有一段不到 2 千米的挡墙的施工阶段，成为他 2018 年夏天最揪心的日子。那个位置设计路宽 6 米多，沿着外侧开挖路宽就只剩下一个车道了，挡墙外侧垂直向下四五米的位置还有人在施工，上面的车辆外一不慎掉落下去，将酿成大祸。那段日子，他和同事们想了许多办法和措施确保安全生产。

嘎隆拉隧道出口处的棚洞是一标段的控制性工程，这个棚洞是隧道的延长性设施，主要是为了防止隧道口上方发生雪崩、塌方等直接造成出洞车辆和人员伤亡。这里海拔在 3700 米左右，是全线最高的一处工点，施工人员同样面临各种危险。在恶劣条件下，顶着各种风险施工，既要保障工程进度，又要防范灾害和事故，极大地考验着项目经理的心理承受力。

由于抢通保通的工程量远远超过预期情况，让前期投入的项目资金捉襟见肘。为节约工程成本，考虑到散装水泥比袋装水泥便宜，周晓兵决定让项目部采用散装水泥施工，但散装水泥又不方便运输，于是就选择在嘎隆拉隧道出口附近建一个散装水泥中转站，大车把散装水泥运到这里卸下来，再用小罐车拉到工地。散装水泥每吨便宜 100 多元，节约了大量的经费。

工程进度在他带领的团队共同努力下，按既定目标推进，这让他稍感欣慰，但心中也装着“过不去”的事，那便是意外失去了患难与共的同事。拌和站站长是跟随他一起在阿里做过项目的同事，在一个雨天驾车外出办事时失踪，他得知情况立即组织人员紧急搜寻，直到夜里 11 点才在一处悬崖下找到失事车辆，然而人已经没有生命迹象了。他永远也忘不了好兄弟那没有闭上的眼睛，这成为他心中永远的痛。

说起在波墨项目上得到的历练，他说，不仅是在专业水平和管理能力上得到了提高，更大的收获莫过于极大提高了抗压能力。波墨公路整治改建项目是一个让人快速成长、催人成熟的工程。

我太小看了，这“不三不四”的墨脱路

——波墨公路改建工程一标段项目总工程师张雄伟

作为一名资深公路人，张雄伟有大量时间工作在巴基斯坦的大山之中，多年山区作业的经验让他有十足的信心，把波墨公路这条“不三不四”（受客观条件限制，有些地方既不能满足三级公路也不能满足四级公路标准，故为“不三不四”）的低等级公路建设好。但直到他真正来到墨脱，现场了解具体情况后，才发现自己太小看这条路了。

图 9-2-8 张雄伟

张雄伟所在的一标驻地就在嘎隆拉山下，印度洋暖湿气流与4000多米高海拔的冷空气在这里相遇，带来了丰沛的雨水。每年10月底到次年4月底为雪季，5月开始到10月是雨季，连绵不断的降水使得墨脱的年平均降水量达到了5000毫米。冬季降雪平均厚度达到2至3米，这直接导致了雪崩发生频次激增。每年雪崩集中在3—5月，嘎隆拉隧道前后K12—K31区间内，特别是下午两点以后，是最为凶险的时间段。在离驻地不远的地方便是一标的拌和站，每年料仓大棚都会被雪崩的气浪摧毁。夏季的雨水带来的则是泥石流与塌方，波墨公路全线113.95千米，较大的灾害点平均每千米就有1.4处之多。除此之外，因为处在地震断裂带，墨脱每年地震次数也高达500余次，加之墨脱地区不稳定的土石块坡体构造，使得安全隐患更是数不胜数。

众多的地质灾害与特殊的气候条件，使得波墨公路成了张雄伟职业生涯中修建的等级最低却也是最难修的一条路。作为总工的张雄伟第一个进场，从优化设计开始做起，全线跑了不下五六十遍，每天二十几千米成了家常便饭。张雄伟对一标所辖路段的每个细节都做到心中有数，并据此对沿线灾害处置方案都根据实际情况进行了重新调整，在资金有限的情况下，确定了“保下挡墙、强化路基”的基本思路。鉴于一标路段内多沼泽、路基翻浆严重的问题，张雄伟还创造性地提出了“路基大粒径卵石挤淤泥造壳”的全新思路，保证路面下承层质量，避免路面沉降开裂问题。

由于工期进度特别紧，因此，即便是在雨天，只要不是下大雨，路面摊铺工作都

要继续。工地自制了移动雨棚，喷灯、大功率自行吹风机、海绵、拖把轮番上阵。除了施工时间要抢，保通时间更要抢。有一次，一标路段内多处发生泥石流，不少老百姓被困在了路中，前进不能后退不得，抢通到天黑也没完成。施工人员怕再次塌方，加之山高林密，天黑根本看不清作业面，一时停止了工作。这时张雄伟毅然拿着手电走到塌方处的正下方，给工人指明方向，并用对讲机告诉工人“有我在这里盯着！”，工人这才重新开动机器，最终冒险抢通了道路。还有一次，为了保证墨脱县城的学生能够准时出去考试，抢通工作整整持续了一周。张雄伟就在现场盯了一周，吃住就在抢险车里，直到抢通成功。

张雄伟坦言，波墨公路高差之大、降雨量之多、地震之频繁、地质构造之复杂、冲刷之严重，都是自己工作十几年从没碰到过的，虽然困难重重，但却也是难得的经历，值得久久回味。

心甘情愿，为了墨脱的百姓

——波墨公路改建工程二标段项目经理蒋守坤

2017 年，波墨公路二标项目经理蒋守坤绝不会想到，为了对付一条 50 千米的四级山区公路，自己在墨脱一待就是三年。

图 9-2-9 蒋守坤（左二）

2017 年 8 月，蒋守坤第一次进墨脱，车子刚开到 43K，塌方就拦住了去路。右边是山体，左边就是悬崖，左侧车轮三分之一已经悬在半空，最后是垫了树枝，经人指挥，才心惊胆战地开了过去。这一趟从早上八点准时从波密出发，到晚上六点到达墨脱，足足用了 10 个小时。

施工方案因为地质、气候等因素限制不停调整，使得本就短暂的施工期显得更加紧促，而沥青路面变更为混凝土路面的决策，则为施工带来了巨大的不确定性和不可避免的影响。

波墨公路二标所处位置海拔较低，雨水丰沛，每年平均降水量在 3000 毫米，采用混凝土路面确实更为合适，对于后期保养也更有利。在蒋守坤的计划中，人员、设备、技术都不是问题，只要给他 3 个 25 天的封路周期，便可以如期交付一条高质量的混凝土公路。然而，作为唯一一条进出墨脱的生命线，长时间封路完全不可能，即使退而求其次，半幅施工、半幅通行也不可能。因为二标路段70%—80%的路面宽度不足4.5米，弯多路窄，临江临崖，根本不能满足半幅施工的基本条件。实在没有办法，也只能硬着头皮上。稍有工程常识的人都知道，混凝土的初凝阶段至少需要3至4个小时，而硬化后的混凝土路面原则上72小时之内是不允许车辆碾压的。由于波墨公路的特殊性，不足72小时过车不算新鲜事，遇到运送危重病人等极特殊情况，车辆在初凝阶段上路也是在所难免。每到这个时候，看着工人不得不将压坏的混凝土铲掉重新返工，蒋守坤真的感觉心在滴血。

施工期近三年，蒋守坤遇到了太多的难题和生死时刻，但他觉得一切都很值得。2017年刚进场的时候，只能单桥车运水泥，一吨水泥从波密到墨脱需要运费180元，而改造通车后，大型散装水泥车通行无阻，运费直降60元。2017年，新鲜蔬菜10元一斤都算便宜，如果断路更是有价无市，通车后蔬菜、鲜肉敞开供应，价格跟内地几乎没有差异。

看到墨脱百姓从这条公路真正得到了实惠，他觉得吃点苦、受点累值了！

时刻准备着，再修墨脱路

——波墨公路整治改建工程项目设计代表段建新

段建新来自中交第二公路勘察设计研究院。2013年，他在贵州某高速公路项目上做现场设计，当看到新闻联播播出波墨公路通车的消息，几个曾参与波墨公路设计的老前辈激动得举杯相庆时，当时的他对墨脱还仅仅是个模糊的认识，只知道它是全国最后一个通公路的县，遥远而又神秘。谁知道大学毕业工作没几年，他自己居然也成了波墨公路整治改建工程的设计代表，一来就是三年。

图9-2-10　段建新

到达墨脱后，段建新真正切身感受到了公路建设的不易。这里是“地质学的百科全书”“世界地质灾害的博物馆”，山体滑坡、塌方、泥石流、雪崩、冰川等自然地质灾害遍布其境，危险可以说无时无处不在。但不管条件如何，作为设计代表，了解全路情况是首要任务。为此段建新成了项目上跑得最勤的人。曾经有相当长一段时间，他平均每天都要走 20 千米以上。通过不停的走、看，段建新对于波墨公路的“脾气秉性”也有了充分的认识。在墨脱，一切都在不断变化之中，使得动态设计成为了一种必须，而这种变更就要求设计代表更关注细节，多走多看。

说起指标，外界对于波墨公路有个戏谑的说法，叫做“不三不四”。因波墨公路是按照四级路水平来修建的，只有靠近波密的扎木大桥和嘎隆拉隧道是三级路。但实际上，即便是四级公路标准，波墨公路也很难全部达到。因为，从四级公路指标来看，很多情况下是宽度够但平面半径不够、纵坡有时达到百分之十几，在有限的时间、场地和资金制约下，很难照顾全面，只能牺牲、调整部分指标，尽最大可能地向四级路靠拢。

虽说困难重重，但在段建新看来，此次波墨公路改建针对地质灾害点进行了专项治理，加宽了路面、增加了错车点、完善了排水系统，行车舒适度大幅提升，行车时间缩短至 3 个多小时。但段建新也觉得，如果还有机会再修波墨公路，可以多增加一些隧道、明洞、大跨径桥梁，将线位调得更高一些，效果肯定会更为理想。为此，他对每一个点、每一条沟和冰川都进行了详细的调查，作为以后的技术储备，用他的话说就是：“时刻准备着，再修波墨路！”。

父子两代人　情洒波墨路

——波墨公路改建工程协调员陈金

波墨公路在旅行者眼中是绝美的人间天堂，而在机化队队员陈金眼中，更像是一位形影相随的伙伴，自从 2014 年 5 月 1 日正式接养，到 2020 年 9 月到波墨公路整治改建工程竣工，无论是作为机化队的队员，还是借调到波墨公路项目办参与建设，6 年多的朝夕相处，让他对波墨公路摸得一清二楚。同时，由于陈金的父亲也曾经为修建波墨公路在这里奋斗过，这让他对这条公路平添了几分特殊的情感。

图 9-2-11　陈金（左三）

机化队全称是西藏公路局林芝公路分局扎木机械化养护队，陈金所在的是二工区，驻地就在波墨公路的中间点，也就是老桩号 80K。陈金还清楚地记得，刚到二工区没两个月，一天晚上，雨水像打开了消防水管，铺天盖地，没完没了地向下泼，木板房里瞬间水流成河。第二天他才知道，就在80K往墨脱方向不足5千米这段距离内，就有多达44处塌方，平均每百余米就有一处。而此时恰逢旅游旺季，墨脱县城里挤满了全国各地的旅行者，都急盼着出来。陈金和兄弟们足足奋战了整整三天，终于抢通了5千米塌方点，化解了一场危机。像这样的抢通战役陈金已经记不清有过多少次了。因为二工区地处波密和墨脱中间，45千米长的养护路段，既要面对冬天嘎隆拉漫天大雪带来的雪崩，又要对付4到10月墨脱超长雨季带来的无休止的塌方。

在养护过程中，遇到各种危险也成了家常便饭。记得有一次抢通塌方刚结束，陈金和工友正往回走，上边坡一棵大树裹挟着石头直冲下来，陈金下意识地推了一把走在前面的工友，就在这时，一块大石头正好从他鼻尖和工友后脑之间飞过，他惊出一身冷汗。类似这样的险情陈金还经历过无数次，但每次都是有惊无险。

在陈金的印象中，雨季里的墨脱公路完全谈不上是一条真正意义上的公路，在重车的碾轧下，砂石路面变得一片狼藉，遍地都是壕沟，抢通保通几乎是每天的固定作业。

2019年，陈金特意带老父亲到了墨脱县城，了却老人的一个心愿。陈金的父亲虽然早在1975年就参与修建过波墨公路，却因为公路始终不能修通而没有踏上过墨脱的土地。如今，面对修葺一新的波墨公路和从未谋面的神秘墨脱，老人不禁心潮澎湃，潸然泪下。

四十余年间，父辈建，子辈养；父亲没修完，儿子接着干！波墨公路正是经过如陈金父子这样几代人的努力，才有了如今翻天覆地的变化，而没有变的，也许就是他们父子对波墨公路的一片深情吧！

使命，让他在波墨公路上奋进

——公路设计代表组组长涂运良

波墨公路整治改建工程在施工中频繁遇到各种复杂的气象、地质灾害，阻碍着工程进展，必须及时提出技术方案且快速“拍板”实施，能够担负如此重大责任者，必须具备过硬的专业素养、丰富的经验、过人的胆识，来自中交第二公路勘察设计研究院的技术专家涂运良，时任设计组组长，他出色地完成了自己的使命，经受住了一次次考验。

不足114千米的波墨公路，是一个“地质灾害博物馆”。因为大量灾害的发生，波墨公路的建设是在边建设、边断通、边抢修的过程中推进的，作为工程项目设计组组长，涂运良的工作是在一次次攻克不可预测的灾害事件中完成的，他长年奔走在工地上，曾有两个冬天被大雪封在驻地，在山里一待就是七八个月。

图 9–2–12　涂运良

2009 年冬季，嘎隆拉隧道的施工掌子面因为应力释放而发生岩爆，必须及时掌握现场情况并作出处置方案，而彼时已经大雪封山，涂运良同当时的项目总指挥一起前往现场勘察，但车只能开到距离隧道口 20 多千米处。情况紧急，他们俩义无反顾地背着工具徒步在雪地中急行一整天，一身汗水一身泥地到达了事故现场，掌握了第一手情况，结束工作又步行回到车上，就这样，及时解决了影响工期的一次重大灾害事件。

在波墨公路上奔走的几年里，他几乎遭遇过所有的灾害险情：泥石流、塌方、飞石……有一次，他陪同交通运输部专家前往工地，专家的车在前面刚开过去，他乘坐的后车前方 5 米处就突然滑落下巨大的飞石，将两车阻断；有时穿行在森林里时，路侧的大树因连续降雨导致水土流失而突然倒向车辆。说起遇到的一次次突发泥石流、雪崩等事件，仿佛家常便饭一样，说起遇难的施工人员，难过和感慨之余，相比很多人付出血肉甚至生命的代价，他觉得自己倒成了“幸运者”。在波墨公路上工作，常有一种活着完成任务都是侥幸的感觉，很残酷，也很真实。

除了高压力、高强度的工作任务外，他和同事们还要承受一种深层次的考验。波墨一线的夏季雨水特别多，他曾经遇到一天 24 小时不停，连续 30 多天的降雨，那段时间的连续阴雨让许多人产生抑郁感，但他的工作不能停止，要靠强大的意志克服这来自自然界的精神折磨。

看着自己亲身参与建设的波墨公路安全保障越来越好，安全系数越来越高，全年通车时间越来越长，看到沿线群众再也无需靠骡马运送物资，看到墨脱县城因为路通车通而建起了高楼大厦、老百姓告别了没电和没网的生活，涂运良深感欣慰，也备感自豪。

勇闯生死关，　书生变硬汉

——波墨项目二标工程部长丁大伟

2017 年 10 月，项目尚未正式开工，很多设备还没有进场，甚至用电问题还没有完全解决，因为连日降雨，线路上有处突然塌方，路基损毁严重，暴露出巨型孤石，

图 9-2-13 丁大伟（左一）

剩余部分路基只能满足摩托车通行，波墨公路基本处于断通状态，需要快速抢通。丁大伟立即组织研究抢险保通方案。在施工过程中，由于操作面狭小，机械设备不能充分发挥作用，工人只能腰缠安全绳勉强工作。丁大伟带领工人不眠不休，昼夜施工，仅用了36个小时便抢通完成。

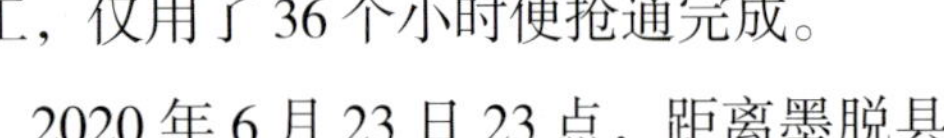

2020年6月23日23点，距离墨脱县城5千米的地方山体有近40米的塌方，车队受阻。丁大伟接到通知后立即组织人员车辆赶赴现场进行抢通。由于夜间视线不好，加之墨脱的块石土边坡稳定性差，随时还有继续塌方的可能，因此，清理过程中风险极高，而且要清理的方量也不小。丁大伟特意挑选有经验的司机，由观察员手持强光手电时刻进行观察，每人配备一台对讲机，随时沟通。一边强行施工作业，一边随时准备撤离。丁大伟一直盯到第二天早上5点，才将3200立方米左右的土石全部清理完毕，载重20立方米一车的大卡车足足运了150车。

作为工程部长，他几乎每天都要在工地跑上几趟。因此，在波墨公路施工的三年里，遇到的生死时刻也不少。有一次，他在黑日桥附近检查工地，刚坐上车往回走，突然间，车后的滚石就落了一地，如果再晚几十秒，这一阵“石头雨”就打在车上，不死也只有半条命。还有一次，他检查完项目刚走出涵洞，习惯性地回头看了一眼，不料西瓜大小的七八块石头滚下来，几乎贴着脸、擦着肩冲下了雅江，他现在想起来都后怕。

对于艰苦的施工条件和生死考验，丁大伟不但没有任何抱怨。反而特别庆幸有这样的经历。用他自己的话说，自己修过的路很多，但走在波墨公路上感觉完全不一样，为了这条路，大家都是尽心尽责，用心用情，可以说我们一起都在“玩命”地修这条路。

大 事 记

一、波墨公路整治改建工程大事记

2015 年 11 月 10 日地质灾害审查意见批复。

2016 年 1 月 26 日环境影响评价报告批复。

2016 年 8 月 2 日项目用地预审意见批复。

2016 年 10 月 26 日建设项目选址意见批复。

2016 年 11 月 30 日工程可行性研究报告批复。

2017 年 6 月 30 日施工图初步设计批复。

2017 年 7 月 7 日两阶段施工图批复。

2017 年 7 月 27 日项目招标完成。

2017 年 11 月 7 日项目下达开工令。

2017 年 11 月 21 日项目质量监督报备完成。

2018 年 6 月 1 日西莫河、达国大桥开工。

2020 年 1 月 1 日波墨公路路面全线贯通。

2020 年 10 月 15 日项目交工。

二、墨脱县交通建设大事记

1985 年米林县派镇到墨脱、波密县扎木镇到墨脱的马行道开通。

1995 年连接波密县扎木镇和墨脱县城的墨脱公路勉强实现了“旱季南通北阻，雨季北通南阻”，分季节、分路段临时通行农用车。一辆“解放”车开进了墨脱。

2013 年 10 月 31 日墨脱公路通车仪式在西藏林芝地区波密至墨脱县 80K 处举行，宣告中国最后一个未通公路的县正式通车。

2014 年墨脱县交通新建、续建项目 12 项，总投资 3.08 亿元，全县公路里程为 270.13 千米，通乡公路通达率为 75%、油路通畅率为 12.5%；通村公路通达率为 46%、油路通畅率为 2.2%。

2016年墨脱县公路里程达到270.13千米，乡（镇）、行政村公路通达率分别达到75%和46%。

2017年墨脱县乡镇公路通达率为75%、通畅率为25%，行政村公路通达率为69.5%、通畅率为6.5%。

2017年12月27日国道559线波密至墨脱公路整治改建工程开工，总投资达12.015亿元，起自波密县扎木镇西，止于墨脱县莲花广场，全长113.95千米，采用四级公路标准建设，部分路段采用三级公路标准建设，工期为三年。

2019年12月27日墨脱县农村客运班线正式投入运营。

2018年12月24日西藏林芝市墨脱县秘境客运有限公司成立，主要经营出租汽车客运，经营管理客运汽车站，县城出租车、县际、县内客运、道路客运、道路旅客运输。

2019年12月21日墨脱县客车第一次试运营，12月27日，举行墨脱县农村客运班线开通仪式，结束了墨脱县没有客运站的历史。共批复开通墨脱至林芝（途经波密）、县城至德兴乡、县城至背崩乡3条线路，其中墨脱至林芝客运线路受嘎隆拉路段天气影响，延后开通。

2020年5月初墨脱至林芝客运班线正式开通运营，结束了墨脱县没有长途客运的历史。

附　录

“墨脱人”盼墨脱路

（一）高永利：永远难忘“墨脱乡亲盼公路”

高永利，2007 年至 2009 年由西藏交通运输厅、自治区扶贫办派驻到墨脱县挂职，时任副县长，他在任那几年正值波墨公路上期新改建工程建设，他对这条路在墨脱县的意义有非常真切而深刻的体会。

附图 1　高永利（左二）

高永利清楚地记得当年初到墨脱上任，从波密到墨脱一路险情不断，当时还有两段、几十千米是开不过去车的，只能徒步，中间还翻越了嘎隆拉山的垭口，时至初夏，海拔 4000 多米的山上冰雪还没有消融。140 多千米的波墨路他走了整整一天，天黑才到达墨脱县。

墨脱被称为“高原孤岛”名副其实，到了墨脱，仿佛时空倒退了几十年，由于路不通，各种生活物资不能充足供应，2007 年的墨脱居然还在使用内地早已绝迹的“粮本”，用以配给物资。县城内的物价要比外面高得多，一瓶矿泉水在外面两三元钱，在墨脱至少十元起。建设物资进不去，电力、通信设施都远远跟不上，县城老百姓家最流行的家电是增压器，没有这款设备，就没法用上电，即使有电，电灯也永远是昏暗的、电视机打开也总是“雪花”、手机基本上没有信号。此外，由于道路难行，邮政服务也严重滞后，墨脱的人们看到的报纸都是很长时间以前的。

作为交通人，高永利深感自己责任重大。当他看到墨脱百姓在路边拉的一条横幅上写着“墨脱人民盼公路”时，心情很不平静。那时，墨脱全县生活物资的补给运输要在路上花费近半年时间，所有物资先运到波密，大雪封山前运到距离县城几十千米的转运站，等待雨季过后抢修好被毁的公路，再把物资运进县城。波墨公路建设的过程中，他一边全力落实扶贫工作各项任务，一边经常为波墨公路建设协调解决遇到的各种困难。

2008年1月，嘎隆拉山上发生过一次严重的雪崩，高永利带着几十名干部群众冒着大雪赶往波密方向，过了车行路段，几十人步行到临近嘎隆拉山顶时，所有人都“淹没”在齐腰深的雪里，漫山都是被大雪裹挟的石头和压倒的树木，横七竖八，让他们寸步难行，走了一天才前行了20多千米，为了在最安全的夜间通过雪崩地带，他们忍受着寒冷和疲劳在凌晨翻山，两三天后才到达波密。亲身体验过这条路的艰险，让他更加主动地投入波墨公路建设。

他在墨脱挂职的期限从最初确定的一年，延长为三年。作为交通运输厅干部，他多方协调解决征地、拆迁、安排当地群众参与施工等工作，在施工过程中，现场发生的许多问题需要随时协调，他就立即赶赴现场；作为扶贫干部，他心系地方经济发展和百姓增收，与当地干部一道，组织对墨脱当地农牧民群众进行技术培训，包括施工机械操作、地方特色手工艺品加工等，掌握一技之长的百姓可以就地参建公路，随着公路建设越来越好，墨脱工艺品的外销也越来越畅通，交通建设拉动墨脱县经济发展和农牧民群众脱贫致富的力度越来越大。

如今。随着波墨公路通行时间的延长和安全保障能力的不断完善，高永利非常高兴地看到他曾经工作过的这个“著名”小县城，不仅长年通了电和网络，邮政服务也日益改善。随着路通车通，外地越来越多的游客光顾墨脱，当地百姓办的农家乐也越来越红火，不仅如此，现代物流、快递业也在慢慢延伸进墨脱，这个备受全国人民关注的小县城发生了天翻地覆的变化。

《国家交通重大工程档案》内刊2010年10月（高勇）

（二）曲珠：从苦恼到忙碌并幸福着

墨脱，在很长一段时间都被誉为徒步旅游者的天堂，太多的人是带着冲动和梦想，在一路兴奋中走进墨脱的。墨脱县交通运输局局长曲珠，也是在2003年走路进的墨脱。

附图2　曲珠(前排右二)

曲珠清楚地记得，从波密扎木镇到墨脱县城要翻过凶险的嘎隆拉山，沿路泥石流、塌方、雪崩的痕迹随处清晰可见。道路狭窄而颠簸，农用车只能把他们拉到80K，剩下的几十千米只能步行，短短141.2

千米的里程他们足足走了4天。

受限于长期不通公路，墨脱县从80K到墨脱县城的运输只能靠人背马驮，所以生活用品物价奇高。从波密到墨脱的运费每吨货物高达1200元。

当时，墨脱只有为数不多的几辆小汽车，但实际都派不上什么大用场。由于道路过于坎坷，坡度大，很多车从进墨脱甚至就没挂上过三档。大家开玩笑，能不能为墨脱特制一种只有二档的汽车，反正也用不上三档。当时，墨脱交通局的老局长自嘲为骡马局长，戏谑中更多蕴含的是一种心酸和无奈。

虽然叫交通局，曲珠也是个局长。但苦恼的是，他是一个没有公路和汽车可管的交通局长。由于根本没有像样的路，因此，曲珠很长一段时间并没有什么可以干的事情，他说他当时一心只想着赶快离开这个地方，而且是再也不回来的那种诀别。但走出去显然也并不容易，就拿开会来说，每次外出都像是一种历险。2008年4月13日，曲珠永远忘不了这一天。他凌晨3点从52K出发，走了18个小时才翻过嘎隆拉山。当天雾特别大，能见度极低，一行人居然迷了路，数次走到悬崖边，折腾回来再重新走，反反复复几次才终于脱离险境。

2013年，终于有了转机，波墨公路的通车使曲珠看到了希望。虽然驾车从波密到墨脱，小车仍然需要五六个小时，大车需要近一天时间，每年的通行时间最多也不过十个月，但这条公路毕竟使墨脱与外界有了实质的联通，与现代生活接了轨，还是非常激动人心的。墨脱人民甚至将波墨公路的开通，视为他们的第二次“解放”，第一次解放，是当家做了主人，这一次的解放，则是走出了大山，迈开了双脚。

从2017年开始，波墨公路整治改建工程在原有波墨公路新改建工程的基础上，对于灾害点进行了有针对性的治理，行车舒适度与安全性都大幅提升。随着公路的竣工通车，交通运输局的工作强度也提升了几个台阶。以前大车载重能力有限，最多也不过5吨，但是，现在路上的大吨位车辆比比皆是，交通安全的隐患也增大了。

由于有了波墨公路大动脉的通行，使得由此拓展至各乡镇村的农村公路的建设也提上了议事日程，农村公路的建设速度不断加快。“十三五”期间，西藏新改建农村公路3.82万千米，解决了286个乡镇、2905个建制村、391个易地扶贫搬迁集中安置点（区）道路连接线通畅问题。墨脱的公路一天天在延伸，西藏最后1个未通公路的墨脱县甘登乡也通了公路，汽车一天天在增多，再加上日常的保通任务，曲珠感觉真的是忙起来了，时间有点不够用。但是，他并不觉得累，内心感到很充实，也很有成就感，是看得见、摸得着的幸福日子！

《国家交通重大工程档案》内刊2010年10月（高勇）

（三）白玛次旺：墨脱旅游兴县不再是梦

2020年4月，《墨脱县全域旅游发展规划编制》项目正式进行公开招标，这是墨脱县文化和旅游局自2019年成立以来的首个大手笔。而对于文旅局副局长、文物局局长白玛次旺来说，支撑他构想并实现这一宏大计划的重要保障，则是波墨公路改建工程的顺利实施和如期竣工。

附图3　白玛次旺

虽然墨脱拥有大量的旅游资源，白玛次旺大学学的又是旅游管理专业，按理说到墨脱旅游局工作是再合适不过的了，但是，当初分配工作的时候，白玛次旺内心却是十分抵触的，究其原因，还不是因为墨脱交通不便。虽然最终还是来到墨脱工作，但是当时的墨脱只有环保旅游局（2019年重组为文化和旅游局），主要工作却只能限定于环保，而白玛很多关于旅游文化开发的设想，受制于交通的实际状况，也还只是一些美好的设想和愿景而已。

白玛次旺清楚地记得，即使是2010年嘎隆拉隧道贯通后，波墨公路得以通车，但砂石路面的通行能力还是非常有限，当时能够进入墨脱的运输车辆中运力最大的也就是载重4到5吨农用小型货车，但这样的运力对于开发旅游文化产业是远远不够的。而当时来墨脱旅游的游客以徒步和自驾游为主，但即便是自驾也并非开什么车都可以进入墨脱。由于当时糟糕的路况，除了SUV及中型以上越野车，其他小轿车以及稍大的乘用车都因不具备通行能力而只能“望墨兴叹”。在墨脱县城运营的出租车每年年检，都没办法自行开出去，只能靠大车拖到波密。

2020年9月，随着波墨公路改建工程的正式竣工验收，墨脱旅游也迎来了新的契机，白玛次旺也有了更为大胆的设想和规划。早在2012年，墨脱县便提出了“六县战略”，即农业稳县、生态立县、交通兴县、旅游富县、文化名县、能源强县，而2018年墨脱县又调整了战略，将旅游富县升级为旅游强县，进一步提升了旅游在墨脱县的战略地位。县文旅局依照此定位，依托波墨公路这条主干线，把下面乡镇各辐射点连接起来，广开思路，盘活资源，推出了全领域旅游规划，确定了旅游加商务、旅游加培训的整体思路，打造吃住游购娱一体化的旅游线路，同时不断完善旅游公厕、停车场等配套设施，以提升旅游体验。

伴随波墨公路的修建，墨脱文旅局积极招商引资，并取得了不俗的成绩，多家星级酒店落地墨脱县城。与此同时，文旅局着手门巴珞巴文化的发展与保护，聘请老师，开办各类餐饮、手工艺术品培训班，鼓励各乡镇充分利用自身宗教文化或自然风光资源，将墨脱县内的各族百姓纳入旅游事业中，力争让百姓在家中便可挣到钱，从旅游文化的大开发中受益。

2019 年底，墨脱县农村客运班线正式开通，波密到墨脱只需 60 元车费；2020 年从波密到墨脱，不足 3 个小时便可领略从寒带到亚热带的神奇变化。这些在以前根本想也不敢想的事情，如今都实实在在每天在波墨公路上发生着。

《国家交通重大工程档案》内刊 2010 年 10 月（高勇）

（四）李海东：幸福路上莲花开

过去，凡是到过墨脱的人都要说："墨脱人前莫言路"，这世上再没有比到墨脱更难走的路。在墨脱人面前提路，就只有两个字——伤心！

附图 4　李海东

墨脱的路，既是奢望，更是希望。没有通路，不能同外界交流，就等于是"与世隔绝"。不通公路的年代，水泥、钢材运不进去，映入眼帘的都是破烂不堪的木板房，见到的墨脱人，好像也没有什么精气神。

李海东，门巴族，是土生土长的墨脱人。15 岁就参加工作，在墨脱县疾控部门，后来还走上了领导岗位。他说，当时，墨脱县缺医少药，小学刚上完，组织选派他到西藏自治区卫生学校学文化、学专业，然后回县工作。大专、本科都是在职读的。他父亲 59 年以前就参加了革命工作，是党在墨脱培养的第一批干部，也是墨脱县检察院第一任检察长，是一位政治思想觉悟很高的"老墨脱"。他爷爷是农奴，旧西藏是农奴制社会，那代人每年背很多东西，要走到拉萨"交税"，交的主要是大米、鸡爪谷等等。

李海东和每一个土生土长的墨脱人一样，对自己的家乡，自然是一往情深。但一说到路，就让他满面愁容，全是艰难的、痛苦的经历。这也是当年所有墨脱人的辛酸。因为有嘎隆拉雪山的阻隔，一到冬季就封山，墨脱人都不得不窝在县里，除非极特殊的情况，否则不会有人冒险翻越雪山。因为除了特别难走，最主要的是如果遇到雪崩，就可能把命丢了。谁也不会拿自己的生命去冒险。而即便是在夏季，要想进出墨脱也需要极大的勇气和毅力，因为，从墨脱到波密，一个单程就要至少走上四五天，而遇上极端天气，时间还要更长。李海东清楚地记得，由于交通极为不便，在1998年的夏天，他和十几位朋友护送一名危重患者，历经1个多月才把患者安全护送到了八一镇。

那时，墨脱交通就是人背马驮，“交通工具”是解放胶鞋、绑腿、手电筒、背包……，有一次，他足足走了九天，才走出墨脱。

由于自然灾害频发，每年在墨脱路上都会有人不幸遇难，有危重的病人，有上学的孩子，有不慎失脚的背夫。每走一次，都是在闯“生死关”。

修建一条畅通的墨脱公路是几代墨脱人的梦想，如今，这个梦终于实现了，李海东一脸兴奋，“现在，从墨脱县城出发三个小时就能直达波密，家门口就能坐上客运班车，新鲜蔬菜、水果、肉类供应充足，超市里的商品也是价廉物美。越来越多的游客来到墨脱，越来越多的投资涌向墨脱，墨脱的木板房越来越少了，有的地方已经看不见木板房了。电视里的报道，说墨脱的老百姓是‘出门就走幸福路，抬脚就上平安车’，在我这个墨脱人看来，还真是差不多”。

墨脱已经焕发出新的生机，每天都在发生着实实在在的变化。

《国家交通重大工程档案》内刊2010年10月（高勇）

媒体聚焦

新闻分析：墨脱修路缘何难于上青天？

2013 年 10 月 31 日，西藏墨脱公路正式全线通车。至此，我国最后一个不通公路的县——墨脱县终于摘掉了“高原孤岛”的帽子。在经济技术飞速发展、交通网络相对成熟的今天，墨脱公路缘何修建了长达半个多世纪才得以正式通车？

中国“工期最长”的县级公路

墨脱县位于西藏东南部的林芝地区，由于气候条件复杂、地质灾害频发，长期与世隔绝。“墨脱”藏语的意思即为“隐秘的莲花”。

为保证祖国任何一个边远的地方、任何一个民族，都能公平公正地享有公共服务，共享发展成果；为填补我国交通建设史上的一个空白，全面实现“县县通公路”的目标，党和国家时刻倾听墨脱人民呼声，一条墨脱公路打通、中断、再修，前后历经半个多世纪。

20 世纪 60 年代、70 年代均进行过墨脱公路修建的尝试，但均以失败告终。直到改革开放后的 1994 年，一条简易公路才修进了墨脱县城，可通车后第二天，大部分路面毁于暴雨、泥石流。

1998 年，西藏再次修复扎木至 80K 的简易道路，每年投入大量资金保通；2000 年，特大山体滑坡致使墨脱简易道路全线冲毁，国家又投资 1200 万元恢复墨脱交通；2005 年，西藏对墨脱简易公路进行整修保通，实现了每年三四个月通车；2009 年，由国家投资 9.5 亿新改建的墨脱公路正式开工建设；2010 年底，嘎隆拉隧道全线贯通；2013 年 10 月 31 日，墨脱公路正式通车。

墨脱通路让墨脱各族人民世代的期盼变成了现实，必将促进当地群众与外界的经济文化交流，促进当地旅游业、民族手工业等快速发展，加快边境少数民族致富，也将更加坚定西藏 2020 年同全国一道全面建成小康社会的信心。

“墨脱的路才是真正的天路”

在西藏有句话：“墨脱的路才是真正的天路”，墨脱公路建设区域气候之复杂，地质条件之差，施工难度之大，世界罕见。

自治区交通厅墨脱公路项目办主任邹宗良介绍说，墨脱特殊的自然地理环境造就了“六项之最”：即地形起伏最大、自然坡降最大、降雨量最大、地震烈度最高、地质灾害最多、地质条件最复杂。

——气候条件复杂。墨脱公路项目区域内雅鲁藏布与嘎弄曲均为印度洋季风向青藏高原输送水汽的主要通道，雨量极其充沛，沿线次生地质灾害分布广泛，崩塌、滑坡、泥石流、水毁、冰崩、雪崩等频频发生。

——地质条件差。项目区域位于青藏高原东南部的喜马拉雅山脉与横断山脉的交接处，板块构造活动频繁、山体松散、边坡稳定程度低，属世界地质条件最不稳定地区之一。

墨脱县县长扎西这样总结墨脱公路施工的困难："在内地修路，如果遇到100个问题，至少有一半有解决的经验可循，而在墨脱修路，其中99个问题都是头一次遇到。"

邹宗良解释说，墨脱公路基本处于依山傍水的沿溪线，受地形、地质条件限制，公路施工不能另行开拓施工便道，施工条件极差；受气候条件制约，墨脱公路一直处于"南通北阻、北通南阻"的状态，施工人员生活、生产物资均需来回转运，且必须翻越嘎隆拉雪山，其间不适合大型车辆的通行，导致运费十分昂贵。

此外，嘎隆拉隧道作为墨脱公路"咽喉驿站"，建设沿线发育着多道断层，岩体破碎，地下水较发育，加之电力匮乏，施工难度也很大。

科学施工助"隐秘莲花"走出"深闺"

如今，墨脱公路终于正式通车。邹宗良评价说，墨脱走出"深闺"，除了得益于党和国家高度重视、大力投入，还离不开公路专家以及施工方科学的规划、先进的技术投入以及严格的地质灾害处治原则。

墨脱公路建设项目严格依照"先通后畅、先易后难、先点后线、逐段推进"的建设理念，分阶段进行建设。项目建设以"通"为核心，以"稳固路基"为其建设原则，在无重大自然灾害发生的前提下，加强养护、保通工作，科学、理性地指导施工进程。

据了解，针对墨脱公路沿线自然条件恶劣，地质复杂等难题，工程采用了GPS、航测遥感、CAD集成技术、高分辨率IKONOS卫星影像测绘地图、1米立体像对和1∶25000航空立体影像的多级工程地质遥感勘察等多项国内、国际高新技术，确保工程设计建设方案的科学实施。

在施工过程中，实施严格的地质灾害处治原则。"对于中小型崩塌，设计上尽量根治，首先从路线平、纵面考虑，以避让清方为主；对于通过流通区的泥石流，尽量提高路基，加大沟底纵坡……"邹宗良说，"在灾害的治理上，我们严格遵循'可知性、可治性'的设计原则，这是墨脱公路修建成功的'金科玉律'。"

新华社西藏墨脱10月31日电

（记者许万虎、何雨欣，参与采写记者王军、黄兴）

墨脱公路："最险天路""险"在何处?

西藏流传着这样一句话——"墨脱的路才是真正的天路"。根据统计，墨脱公路全线共发现滑坡、崩塌、泥石流、水毁、雪崩等各种灾害425处，平均每千米达3.6处，且其中大部分灾害处治仍是世界性难题，"最险"天路之"险"可想而知。

打通嘎隆拉雪山隧道

海拔4700多米的嘎隆拉雪山处在喜马拉雅山脉的迎风坡，气候多变，地质构造复杂，发生雪崩、滑坡、泥石流等灾害是常态。进出墨脱必经嘎隆拉雪山，修建墨脱公路就必须打通雪山隧道，这是全线的最难点。

经历24个月艰辛努力，2010年12月，嘎隆拉隧道打通，全长3360米。为保障行车安全，隧道内设置了8个紧急停车带，每隔1000米还建有长100米的缓坡。

墨脱公路项目办主任邹宗良介绍，嘎隆拉雪山隧道拥有三个"世界之最"：地质条件最复杂、地下水最丰富、坡度最大。隧道北口和南口海拔高差110米，纵坡达到4.1%，是世界上坡度最陡的高原隧道。

降雨丰富　水毁频发

墨脱公路所在区域，为印度洋季风向青藏高原输送暖湿气流的主要通道，雨量极其充沛，公路80K前后路段年降雨量达5000毫米以上。

"由于墨脱公路沿线沟谷深邃、地质脆弱，加上降雨丰富，水毁一旦形成将带动30至50吨重的巨石在河流沟谷中奔涌滚动，对公路造成极大的危害。"参与公路设计的中交二公院墨脱公路设计代表组组长涂运良介绍。

由于降雨造成的泥石流暴发，屡次使得公路断道，2009年，黑日桥泥石流暴发，将36米的钢架桥冲得越过了100多米宽的雅鲁藏布江，断道近一个月。

雪崩地震易发、频发

墨脱公路穿越岗日嘎布山脉南坡，处在印度洋暖湿气流的迎风坡上，强对流天气导致冬季多强降雪，其雪线海拔4300米，较西藏其他地区要低许多，海拔4000米以上部分盛夏仍有积雪，极易发生雪崩、冰崩。

自治区交通运输厅重点项目管理中心副主任邓超介绍，2011年3月，墨脱公路遭遇了30年一遇的冰雪灾害，在沿线8个区段共发生雪崩27处，造成了人员伤亡，机械设备重大损失。

按照近两年公路施工天气记录，从10月中旬至次年4月底，冰冻雪灾严重，尤其在1月至3月降雪量增加，最容易出现雪崩灾害。

墨脱属于地震高发区域，根据西藏地震局相关数据，几乎每天均有小震（平均每年发生400余次地震，震感强烈的有5至6次）。2010年12月、2013年4月，在墨脱县城附近发生了4.6级地震。

新华社西藏墨脱10月31日电（记者何雨欣、薛文献、黄兴）

告别孤岛　发展有路

——西藏墨脱各族群众的新期盼新梦想

2013年10月31日，西藏墨脱公路正式通车。至此，我国唯一不通公路县——墨脱县摘掉了“高原孤岛”的帽子。路通了，不再怕雪山阻隔，不再与世隔绝，墨脱县群众有哪些新期盼、新梦想？

门巴族老人次仁群培：“常回家看看”不再是奢望

以前，进出墨脱总躲不过闯雪崩、过塌方，一路上要忍着蚂蟥、蚊虫的叮咬，沿着羊肠小道和临时搭建的简易便桥行走，稍不小心就会掉进万丈深渊。

门巴族老人次仁群培，墨脱县格当乡人，年近七旬。“走出墨脱去看看外面的世界，是无数墨脱人自小便埋在心里的种子。”次仁群培告诉记者，几十年前，他因工作原因徒步几十天离开墨脱，到拉萨工作；退休后因交通不便很少有机会回去，回家乡看看逐渐成了一块心病。

如今，墨脱公路建成通车，在正常通车条件下，从波密县开车到墨脱县只需三四个小时，十分便利。次仁群培的夙愿很快就要成为现实。“党和国家千辛万苦修建墨脱公路，圆了墨脱人世代期盼的梦。对我们这些身在异地的墨脱人来说，常回家看看、踩踩家乡的泥土，将不再是一种奢望。”他激动地说。

墨脱村党支部书记吉都：村民踏上快速致富“金桥”

离墨脱县城不远处，有一大片红屋顶房子的村落就是墨脱村。年届花甲的村支书吉都家就在村边，两层小楼整洁而明亮，吉都全家13口人就生活在这里。

早在11年前，精明能干的吉都看到了搞运输的商机，于是买了一台农用车，专门从墨脱公路80千米处运送物资到墨脱县城，很快挖到了第一桶金——15万元收入。

不久后，村里买车的人越来越多。如今靠着这些大家伙，村民们出去承包建筑工程，这个700多人的村庄人均年收入已达6000多元。

“现在公路修通了，危险性也大大降低了，人们外出跑运输的积极性更高了。”吉都笑着说，“路况好，人心就不虚。有了路，生活就会变得更好”。如今来墨脱旅游的人越来越多了，吉都还计划带领村民发展家庭旅馆。

墨脱县完全小学校长次达多杰：学生背起新书包　营养餐更丰富

墨脱县完全小学有302名学生，大多是珞巴族。校长次达多杰说，公路通车后，学校的图书资料更新更快，桌椅板凳也不再陈旧。每到新学期，背着新书包来报名的学生越来越多。

12岁的扎西顿珠是墨脱县甘登乡加崩岗村人，在县完小上5年级。记者看到，在这个满脸高原红的小学生背后，一个陈旧的小书包早已褪了色。“老师说了，公路修通后，在商店每年都能买到新书包了！”扎西顿珠欣喜地说。

“目前学生每人每月有260元‘三包’经费，每天能享受3元钱的营养午餐，还能喝到从外面运进来的牛奶。通车后，不出县城就能买到各类营养食品，孩子们的健康也将得到保障。”次达多杰说。

餐馆老板杨明庆：食材种类更多　价格更低

杨明庆，四川内江人，6年前与家人来到墨脱开起了一家川菜馆。杨明庆的餐馆不大，干净整洁。“以前墨脱的菜大多是当地种的，产量小，价格高；猪肉、青菜，全是老百姓通过人背马驮运进来的，价格也贵。每到冬天大雪封山，辣椒、西红柿、茄子等都需要从波密运进来，动辄30元1斤。”杨明庆感慨。

记者发现，公路修通后，墨脱县城市场上的菜品种类更全了，莲藕、山药等过去根本买不到，如今应有尽有。杨明庆说：“希望墨脱公路通车以后，大量的肉食品能源源不断地补给到墨脱市场，我要烹饪更多的菜品，让外地游客知道我们墨脱的餐饮水平跟内地没有区别。”

墨脱县人民医院副院长杨东山：病人转运告别“鬼门关上走一遭”

“原来靠两只脚，现在靠汽车的4个轮子，这种便利以前根本不敢想，”墨脱县人民医院副院长杨东山说，“从前危重病人转运就像在‘鬼门关上走一遭’，如今都能保证及时送往波密县甚至林芝地区就诊。将来，不会再有病人因转运而造成二次伤害。”

杨东山希望今后有更多专业医疗队走进墨脱，对这里的医生、护士进行培训；希望县城到各乡镇的路也能修好，医护人员下乡送医送药，为老百姓建立全民健康档案将不再是难事。

新华社西藏墨脱10月31日电

（记者薛文献、何雨欣、许万虎，参与采写记者黄兴、王军）

这里方便面曾卖20多元一盒，现在物价正常了！如何办到的？

米日村，是“莲花秘境”墨脱县北部一个以门巴族为主的建制村，村民世代居住在雅鲁藏布江大峡谷转弯处，高山深谷和亚热带气候造就的壮美、秀丽兼具的风光，对于米日村百姓来说，曾经只意味着与世隔绝和寸步难行。

“没有通公路时，我们村的孩子去林芝上学，家长要背上沉重的行李陪孩子步行到波密县，翻山越岭地走上六七天才能坐上车；村里有人生了重病去最近的县医院，要8到10个人轮换着用担架抬着病人走上一整天才能到达；客运班车开通前，村民有急事到县城或林芝只能包‘黑车’，往返一次要花费三四百元至七八百元，还没有安全保障。”村支书尼玛讲述的一个个“出行难”的辛酸往事，随着墨脱县通了公路和客运班车，永远成为历史。

米日村离墨脱县城25千米，这个只有39户人家、155位村民的小山村通公路、通客运的进程，写照着整个墨脱县的“两通”工作：

2013年10月31日，扎墨公路通车，墨脱县终结了“全国唯一不通公路县”的身份，米日村通了公路；

随着波密至墨脱公路整治改建工程即将完工，米日村至县城的公路全面硬化；

2018年年底，墨脱成立了公车公营的客运公司，2019年12月27日，墨脱县开通了一条县际客运班线和两条农村客运班线，结束了“零客运”的历史，今年4月13日，又新增一条农村客运班线，米日村通了客车。

截至目前，全县共有五个乡镇、13个建制村的4793位农牧民群众在家门口坐上了客运班车。

路通、车通，米日村百姓走上了“幸福路”。全县三条农村客运班线，运距从7千米到65千米，政府财政补贴的兜底，让客运场站建设一步到位地实现了现代化，客运车辆的运行维护和人员工资有了彻底保障，票价制定上也极大地让利于民，让百姓走得安全、经济又舒心，全县农村客运实现了“开得通、留得住”。如今，米日村的孩子们外出上学再也不用家长陪伴了。

农村客运班车还成为米日村村民增收的“方便车”，许多村民经常带着自家种的水果、蔬菜以及从山里采摘的菌菇等特产，坐上客运班车到县城出售，返程时再捎回日常用品，村口的商店还开设了利用客运班车为乡亲们代送小件物品的业务。

随着“两通”的实现，米日村百姓心中的渴望也不再仅仅是能够“走出去”。目前，村里正在全力酝酿打造一处观赏雅鲁藏布江大峡谷绝世美景的旅游项目，请来县里的文艺工作者为村民培训门巴族歌舞表演，作为发展特色旅游的“招牌”节目，有些头脑灵活的村民已经在自家开起了民宿、商店和饭馆。去年，米日村的人均纯收入已达 1.4 万元，一些从事客货运输的村民人均年收入能达到五六万元。

墨脱县那曾经遗世独立的美正随着公路和客运班线的开通渐为世人所知，越来越多的外地游客沿着波墨公路进入墨脱，不少人还通过农村客运班线去各乡村深度“探秘”。由于运输发展极大地平抑了物价，米日村和墨脱县其他地区再也见不到 10 多元一瓶的矿泉水和 20 多元一盒的方便面了，旅游消费水平已基本和其他地区持平，不再构成阻碍游客到此的经济障碍。

随着几代交通人艰苦卓绝的建设，雅鲁藏布江边的墨脱县终于通了硬化路和客车，撕下了“高原孤岛”的标签。米日村和“莲花秘境”里的各族百姓正沿着平坦顺畅的公路、乘着方便快捷的客车快步融入现代生活。

《西藏交通》2020 年 10 月 14 日（刘布阳、曾军）

编 后 记

西藏自治区国道559线波密至墨脱公路是《国家公路网规划（2013年—2030年）》中的81条联络线中序号59线的重要组成部分，该公路不仅具有重要的国防战略地位，同时也是西藏墨脱县的生命线。2009年4月20日，扎墨公路（后称波墨公路）新改建工程正式开工建设。在中央和各级政府的关心支持下，经过扎墨公路所有参建单位4年6个月艰苦卓绝的努力，扎墨公路于2013年10月31日正式建成初步通车，结束了墨脱作为全国唯一不通公路县的历史，也标志着我国实现了“县县通公路”的目标。但由于波墨公路沿线地质灾害众多、道路抗灾能力差，始终严重威胁着行车安全及通行能力，本期波墨公路的整治改建工程，目地就是要在上一期建设的基础上，进一步完善和提高道路的安全性和使用功能。

《国道559线波密至墨脱公路整治改建工程档案》的编纂出版，力求系统、完整、全面地保存波墨公路从规划设计到各个阶段建设施工的档案资料，反映波墨公路建设者们在我国高原地区公路建设及生态保护史上谱写下的光辉一页。

本书资料来源主要分为三个部分：其一是波墨项目各相关单位包括项目指挥部、施工标段（公司）、监理公司、勘察设计公司提供的从工程规划设计到施工过程、施工管理的各种管理制度、工作总结等相关文件；其二是记者对参与建设的各方面相关人物的采访和口述整理；其三是来自《西藏公路交通史》等相关文献资料。无论是项目工程资料还是记者采访文章或文献资料，都源自工程一线，工程建设主管单位、勘察设计单位、监理单位等工程项目各相关方的政府及国企背景，也保证了资料的权威性和史料价值。

在本书的编纂过程中，西藏自治区交通运输厅、西藏自治区重点公路建设项目管理中心、中交第二公路勘察设计研究院等单位给予了大力支持和帮助，周贤望、孙波（原西藏自治区交通运输厅直属机关党委书记、副巡视员）对于书稿整理做出了极大贡献。

本书编纂人员分别于2019年10月和2020年6月两次深入墨脱，与一线施工及管理人员同吃同住，亲自感受了墨脱公路修建的不易，见证了泥石流、滑坡等一系列自然灾害带来的凶险，掌握了大量一手素材，为书稿的最终成形奠定了坚实的基础。

《国家交通重大工程档案》编辑部

2021 年 10 月